U0362615

千年

THE YEAR 1000
What Life Was Like at the Turn of the First Millennium, An Englishman's World

诺曼征服前夜的英格兰日常生活

Robert Lacey　　Danny Danziger

[英] 罗伯特·莱西　[英] 丹尼·丹齐格 著

张岳 译

北京大学出版社
PEKING UNIVERSITY PRESS

版权登记号 图字：01-2018-2639

图书在版编目（CIP）数据

千年：诺曼征服前夜的英格兰日常生活 /（英）罗伯特·莱西，（英）丹尼·丹齐格著；张岳译. —北京：北京大学出版社，2020.4
（世界史图书馆）
ISBN 978-7-301-31276-6

Ⅰ.①千… Ⅱ.①罗… ②丹… ③张… Ⅲ.①英国 – 中世纪史 Ⅳ.① K561.3

中国版本图书馆 CIP 数据核字（2020）第 041475 号

书　　　　名	千年：诺曼征服前夜的英格兰日常生活
	QIANNIAN: NUOMAN ZHENGFU QIANYE DE YINGGELAN RICHANG SHENGHUO
著作责任者	[英] 罗伯特·莱西（Robert Lacey）
	[英] 丹尼·丹齐格（Danny Danziger）著 张　岳译
责 任 编 辑	张　晗
标 准 书 号	ISBN 978-7-301-31276-6
出 版 发 行	北京大学出版社
地　　　　址	北京市海淀区成府路 205 号　 100871
网　　　　址	http://www.pup.cn　　　 新浪微博：@ 北京大学出版社
电 子 信 箱	pkuwsz@126.com
电　　　　话	邮购部 010-62752015　 发行部 010-62750672
	编辑部 010-62750577
印 刷 者	北京中科印刷有限公司
经 销 者	新华书店
	650 毫米 ×980 毫米　 A5　 7.5 印张　 141 千字
	2020 年 4 月第 1 版　 2020 年 4 月第 1 次印刷
定　　　　价	48.00 元

献给我们的父母和 *Cover* 杂志的同事们

"农夫养育了我们所有人。"《儒略工作历》1月那一页上写道，它于公元1020年前后诞生在坎特伯雷大教堂的手稿室。

我热烈地欢迎你们迫切希望了解过去的伟人，尤其是我们自己国家伟人言行的愿望。

——尊者比德（673—735）

有一些人，谁也不记得他们；他们默默无闻地死去，就好像从来没有来过这世上。他们和他们的子孙后代，死后被遗忘。但是那些义人，他们的公正，永不被人忘记。

——《便西拉智训》第四十四章，第九节

我们不敢把这本书写得更长了，唯恐它不能适可而止，因为太长而遭人反感。

——埃尔弗里克，塞那阿巴斯的小学老师，

后来恩舍姆男修道院的院长（约995—1020）

目 录

CONTENTS

儒略工作历：幸存的奇迹

墨水是从橡树皮上烫伤似的疙瘩里提取出来的。黄蜂叮咬树皮，在里面产卵。于是作为一种自我保护的措施，橡树在被侵入的地方长出了树瘤。这些树瘤是圆形的，表面坚硬，形如沙果，里面充满了清澈的酸液。在公元千年的时候，人们把墨水称作"Encaustum"。这个词来自拉丁语"caustere"，意思是"叮咬"，因为这种出自橡树瘤的液体牢固得简直就像咬进羊皮纸的里面。羊皮纸是用小绵羊、小牛或是小山羊的皮制成的。人们把橡树瘤在雨水里或是醋里碾碎，掺进阿拉伯树胶，让它变得更加粘稠，然后加入铁盐，为之染色。

这位抄写者选择为他的黑色墨水添加了一点儿褐色色调。这本书很小，跟书架上的任何一本现代精装书相比，都不会显得更厚或更高。当你触摸它依然柔软而富有弹性的封面，你就是在触摸历史。你几乎能嗅到它的味道。你正在碰触将近千年以前创造出来的某些东西，大约是在 1020 年。创造它的人很可能是一位在坎特伯雷大教堂的手稿室里工作的教士。

今天，人们把这份古代文献称为《儒略工作历》(The Julius Work Calendar)，其中包括了历日的计算和令人印象深刻的素描。在所有现存的英格兰此类文献中，它是最早的。它也是千年后撰写你现在捧在手中阅读的这本书的基础——本书的目的是回溯过往，探索千余年前英格兰的生活面貌如何。这部文献得以幸存，应该感谢 17 世纪的藏书者罗伯特·科顿爵士 (Sir Robert Cotton)，他在亨利八世解散修道院后，从散佚的手稿中挽救了它。罗伯特爵士把这本小书收藏在他壮丽的西敏寺图书馆中，那里的每个书柜都以一位罗马皇帝——提比略、奥古斯都、戴克里先、尼禄、韦斯帕芗、恺撒——的胸像作为装饰。科顿编目系统就以这些大名鼎鼎的皇帝的名字为基础。Tiberisu D. III 的意思就是指提比略胸像下面的 D 字书架上的第三卷书，而我们这里提到的工作历则被放置在尤利乌斯·恺撒胸像的下面。[1]

在撰写本书时，这部《儒略工作历》被保存在不列颠博物馆带有沟槽的柱廊后面，但到了 2000 年，它不可避免地被转移到圣潘克拉斯站 (St. Pancras Station) 旁边光彩照人的新的不列颠图书馆中。时光荏苒，原来夹在日历外面，防止羊皮纸恢复原来动物形状的沉重的木质封面不见了，但岁月留下的擦痕、涂鸦，以及原来不列颠博物馆强制加盖红色印章留下的斑痕依然可见。

书的布局令人好奇地现代——十二个月份分布在十二页上，每页的标题注明月份，并带有相应星座的标志。它的目的与宗教有关，是为了标明这个月需要在教堂中庆祝的节日和圣日，很可能被用作年轻修士的指南。其中的 365 行拉丁文诗句采用了一种可以唱出来的打油诗的形式。我们可以想象，当年轻的修行者被引领参加一个基督年中的仪式时，口中吟唱着这些诗句。就此而言，《儒略工作历》属于一个消失已久的世界，但无论在精神上还是形式上，它与一部挂在现代化厨房里的十二页日历并没有多大差别。

这是现存最早的英格兰人如何规划日常生活的例子，它管理时间，是尘世与精神生活的时间表。每月的日期列在页面下方、该月星座标志的下面。一幅精美小巧的画横跨每页底部，以图画展示这个月需要完成的任务——一名留着胡子的农夫在耕牛身后扶犁而行；牧羊人守着羊群窃窃私语；二人协力收割，而另一个人正在休息。画家的笔触轻盈而活泼，所描绘的是真实的芸芸众生，而非傀儡。画中的人物或筋肉坟起，或大腹便便，或顶若童山，或身多疮疣，或紧锁双眉，喜怒毕现。这些人就像我们自己一样。

传统上，人们认为现代英国的历史始于 1066 年，征服者威廉和诺曼人于此年到来。但我们将回溯得比那时更远，直至盎格鲁 - 撒克逊英格兰晚期。《儒略工作历》活泼而又古拙的字迹为我们打开了一个既陌生又熟悉的世界的大门。欢迎来到公元千年！Lege Feliciter！就像尊者比德（Venerable Bede）所诠释的那样：祝你读得愉快！[2]

1月

献给所有圣徒

要是你能遇到一位生活在千年之际的英格兰人，第一件会让你大感吃惊的事情或许就是他有多高——几乎和生活在今天的任何人一样高。[3] 人们一般相信，我们比自己的祖先要高一些，如果和最近几代人的身材相比，确实如此。营养不良和人口过剩导致乔治或是维多利亚时期的英格兰人无论在健康或是体格上都无法与 20 世纪末的我们相提并论。

然而，从公元千年前后的英格兰坟墓中发掘出来的骨骼却展示了一个强壮而健康的民族的故事——盎格鲁－撒克逊人从罗马人离开以后就占据了英伦列岛的大部分地区。他们十有八九居住在青翠而未遭污染的乡村，饮食简单而卫生，四肢粗壮，牙齿非常健康。公元千年之后的数个世纪里，人口过剩、拥挤开始影响西欧人的身材和健康。对此后中世纪遗址的挖掘中出土的遗体已经比千年前后的更为矮小，考古发掘中发现的遗骸越来越虚弱、不健康，研究这些时代的考古学家声称几乎已经由此看到了黑死病的阴影。[4]

人们生活简单。他们穿着简朴、麻布袋似的束腰外衣，扎着巨蟒小组（Monty Python）（活跃于20世纪六七十年代的英国喜剧团体，代表作有《巨蟒和圣杯》《万世魔星》等。——译者注）的电影里那样惹人发笑的绑腿，但在颜色上没有那么灰暗。尽管在公元千年左右缺乏鲜艳的化学染料，但天然的植物色素能够以鲜亮的红色、绿色和黄色染出一系列强烈欢快的色彩。那时还没有发明扣子，人们用挂钩和腰带扎起衣服。

人们生命短暂。他们认为十二岁的男孩已经足够年龄向国王宣誓效忠，女孩十几岁结婚，经常是嫁给明显比她们年长的男子。多数成年人在四十多岁去世，到了五十多岁就已经被认为弱不禁风。没有人"离乡打工"，但对盎格鲁－撒克逊坟墓的考古发掘中发现的骨关节问题说明大部分人终生从事艰苦的体力劳动——《儒略工作历》展示了人们可以从事的多种劳动。犁地的农夫从1月份那一页的下方走过，用沉重的铁制犁刃翻开英格兰潮湿而且往往满是黏土的地面，这就是乡村耕种的场景。

"农夫养育了我们所有人，"埃尔弗里克（Alferic）如是说，这位韦塞克斯（Wessex）的小学校长在987—1002年间教导他的学生观察分析身边的不同经济活动，"农夫给了我们面包和饮品。"[5]

牛排着队，拖拽沉重的铁犁，这在我们看来既缓慢又原始。但是与当时世界上其他许多地区的耕作技术相比，西北欧这种有轮、装备了铁制犁刃的耕犁非常有力。利用畜力，只需要两个人就可以翻开整整一英亩的土地。而牲畜除了"提供动力"，它们的排泄物也使田地更加肥沃。

轮式犁是公元千年前后英格兰人生活的基础。它翻开土壤，使之能够接触空气和水分，使可以溶解的矿物质到达土壤深处，同时切断草根，把它们翻到地表，在空气中枯萎。这并不是一项新发明。在 1 世纪中期，罗马史学家老普林尼描绘了阿尔卑斯山北面使用的类似工具，而且有证据表明这种方便有力的工具是耕种欧洲东北部森林地带的关键因素。[6] 一人扶犁，一人跟着耕牛，甜言蜜语或是轻声哼唱，哄着这些动物向前走，如果需要的话，也用棍子驱赶它们：这幅画面展示了刚刚翻开的犁沟，这是此前数个世纪驯服土地的秘密。这就是公元千年之际英格兰得以供养至少 100 万人口的原因。

日历上勾勒出轮式犁的这一页展示出另一项同样发达、实用的技术，即对时间的测量。今天，我们把日历视为理所当然。汽车修理厂在圣诞节免费分发日历。但是如何制定一套以日期为依据的工作制度，曾在好多世纪中使最聪明的人费心劳神。每种文化和宗教都设计了自己测算时间的系统，在基督教世界，人们尤其困惑于如何测定教会最重要的节日——复活节。

早期基督徒为此激烈争吵。基督在犹太教徒聚集在耶路撒冷过逾越节时被钉死在十字架上，所以复活节的时间取决于犹太人的阴历，而后者的基础是从新月到另一个新月的 29.5 天的循环。然而规划一整年中一连串教会节日意味着阴历时间表必须与 365.25 天的季节循环相适应，后者是以太阳的年度循环为基础的——无论你如何尝试，二者总是格格不入。

"在那些日子里，事情是如此令人困惑，"当时伟大的编年史家尊者比德在描述 7 世纪中叶英格兰的历法纷争时提到，"有时候一年中要过两次复活节，所以当国王过完大斋节，开始过复活节的时候，王后和她的侍从们仍在节食，过圣枝主日。"[7]

这位国王就是诺森布里亚的奥斯维（Owsy of Northumbria），诺森布里亚是早期盎格鲁－撒克逊诸王国中最北面的一个。奥斯维使用受到爱尔兰人影响的林迪斯法恩（Lindisfarne）僧侣们的历法——是他们最早使诺森布里亚皈依；而他的妻子，肯特的恩弗莱德（Eanfled of Kent）忠于罗马式的历法推算，这是她在坎特伯雷的成长中学会的。在约克郡海岸地区的惠特比召开过一次学术性的大会来解决这个问题以及其他一些教会事务中的冲突，这次会议引发了严重的不满。

"非洲、亚洲、埃及、希腊和全世界不同民族和语言的人都在同一个时间过复活节，"坎特伯雷的代表争辩道，"只有这些爱尔兰人和他们顽固不化的伙伴，皮克特人（Picts）、不列颠人（Britons）——他们居住在大海最北端的两个岛屿的部分地区——才会愚蠢地与全世界作对。"[8]

"你说我们愚蠢，真是奇怪。"爱尔兰的代表援引使徒约翰的话反唇相讥。他们带着资深信徒轻蔑的优越感陈述了自己协调月亮和太阳周期的方法——爱尔兰人在英格兰人之前很久就成了基督教徒。圣帕特里克（St. Patrick）在教皇格列高利（Pop Gregory）的使节奥古斯丁（Augustine）到达坎特伯雷建立英格兰教会之前一个半世纪就在爱尔兰建立了教会。而且，是从爱尔兰而非肯特出发的传教士们归化了苏格兰和北英格兰。

然而，当海滨大会的争论结束时，胜利者是坎特伯雷一方。对于教会的政策来说，这是一场教皇集权的胜利；关于历法也得出了一个结论，使那个时代的编年史家和数学大师比德有机会想出一个办法，为世界确定时间，一劳永逸地结束争论。

因为确定了标准时间和本初子午线的格林威治位于英格兰，在公元 2000 年前夕，它因第二个千年的到来而广受关注；因为尊者比德，它在第一个千年之际也同样如此。这并不是说我们应该在公元千年之际寻找穹顶或是其他什么特殊的千禧年纪念物，顾名思义，千禧年只对那些从耶稣诞生开始为历史确定时间的人们有意义。甚至在基督教王国内部，对此也有各种歧异的解释。然而如果说有任何国家曾依照我们今天能够辨别的日期工作，那就是英格兰，那就是因为尊者比德。尊者比德的名著《时间的测算》（*De Temporum Ratione*），使公元纪年广为流行。

《时间的测算》编纂于 725 年，以 6 世纪的塞西亚学者狄奥尼修斯·伊希格斯（Dionysius Exiguus，矮子丹尼斯）对复活节的测算为基础。在为教皇约翰一世编纂复活节时间表时，狄奥尼修斯差不多是很偶然地谈到，教会使用异教徒的历法表是多么地不合适，[9] 尤其是，它的年份上溯到大肆迫害基督徒的戴克里先皇帝。狄奥尼修斯建议，从救世主诞生开始计算基督纪元，不是更有道理吗？那一年可以作为第一年。

在这一点上，这位学者犯了两个错误。此时，西方的数学思维还在依靠罗马数字运作，没有 0 的概念。所以狄奥尼修斯的基督纪元缺少了公元 1 年开始前公元元年的 12 个月。更严重的是，狄奥尼修斯选中作为基督降诞之时的那一年，实际上比臭名昭著的希律王去世晚了 4 年。希律王对于降生在伯利恒、与他分庭抗礼的犹太王的愤怒如此令人难忘。福音书中记载，基督降诞于希律王统治时期，这意味着耶稣可能出生于公元前 4 年，或甚至更早些（这也就是说，实际上可能应该在 1996 年或 1997 年庆祝耶稣降诞的第二个千年，而非 2000 年）。

比德发现了狄奥尼修斯提出的公元 1 年的错误，但他显然觉得，与根据"恩典之年"、基督统治大地的时代记述历史这一炫目的概念相比，几年的误差算不了什么。当比德在 731 年编纂他的巨著《英吉利教会史》（*Ecclesiastical History of the English People*）时，他使用的是公元纪年，而在下个世纪的尾声，当《盎格鲁－撒克逊编年史》（*Anglo-Saxon Chronicle*）的抄写员开始逐年记录英格兰的历史时，他们使用的是比德的方法。

关于哪一天是一个基督年的真正起点仍然存在混乱。比德理所当然地认定一年应该开始于基督本人降诞那一天，也就是 12 月 25 日。但如果照此向前计算 9 个月的怀孕时间，就到了 3 月 25 日，也就是天使报喜节。教会庆祝这个节日，以纪念天使加百列造访圣母玛利亚，告诉她孕育圣婴的消息。对于一名基督徒来说，这是神的存在在大地上的第一次显现。而天使报喜节也相应地在数个世纪中被作为一年的真正开始得到庆祝。迟至 17 世纪 60 年代，萨缪尔·皮普斯（Samuel Pepys）的日记中仍反映出这种长期存在的混乱。他用天使报喜节（3 月 25 日）来计算年份，但同时也把罗马执政官的 1 月 1 日标记为"新年"。

所有这些与难以测量的太阳、月亮、星星，以及人类历史日积月累的错误纠缠在一起，这种复杂的纠缠生动地展现在《儒略工作历》中。它采纳了今天我们熟知的罗马式的 12 个月，再给它披上基督教的金丝外衣。每一页左侧自上而下看起来神秘兮兮的字母和数字是复活节和其他节日算法的一部分。所谓的"金数"（Golden numbers）指明了新月出现的日期，而主日字母显示出任意给定年份中的星期日——因为这部日历不是为特定的十二个月制作的。这是一部万年历，它复杂的编码就像计算机的内部结构，使门外汉望而却步，而对那些知晓编码的人来说，却是通往知识的路径。

从页面左侧向里 1 英寸是一列罗马数字，按照罗马人那令人望而生畏的方式向后数，列出了这个月里的日期。从 Kalends，也就是一个月的第一天开始，到 Nones（古罗马历三、五、七或十月的第七天或其他月份的第五天。——译者注），再到 Ides，这是一个月的转折点，落在该月的第十三天或者第十五天。但真正重要的是写在日期右边的内容，因为这里反映了日历的目的所在：圣徒的名字和应该庆祝的宗教节日。

善和恶与公元千年的人们如影随形。当有人说，他身体里有恶魔，人们会按照字面的意思来理解。冰霜杰克（Jack Frost）（英格兰民间传说中的冰雪精灵，是寒霜的化身。——译者注）对于那些在没有中央供暖的情况下度过潮湿的中世纪冬天的人们来说并非"天气"，它是恶作剧的化身，是魔鬼的亲戚，冻伤人们的鼻子和手指，使土地坚硬，难以耕作。它是数不清的小精灵、侏儒、巨魔、妖精中的一员，它们生活在中世纪人们的恐惧与想象当中。

然而教会也有自己的灵体大军，也就是那些为耶稣的教诲而度过一生，而且常常奉献生命的圣徒。《儒略工作历》的主要宗旨就是提供一份人们每日与这些神圣伙伴相遇的日志，这些神圣的伙伴是生活的榜样，并使人们明白生活如何能变得美好。这就是《儒略工作历》的精神功能。而在一个更加基础的层面上，它通过讲述各种各样精彩的生平、冒险和个性，为人们提供了娱乐，从而指导他们的生活。这些故事如此贴近人们的生活，以至于任意中世纪文献都有可能去传播它们。

中世纪早期并不存在个人的画像，甚至国王也只以象征和理想化的形象出现在硬币上。但说到圣徒的生平，你就有机会分析他们的个性，思考诸如高柱修士圣西米恩（Simeon Stylites）这样的人的特异之处，这位 15 世纪的隐修士赤裸着身体在不断升高的石柱上度过了一生中的大部分时间；或者从埃及的玛丽（Mary of Egypt）的生平中获得教益，她是保护堕落女子的圣徒。玛丽是埃及人，在 12 岁时离家到了 5 世纪的亚历山大里亚，当了 17 年妓女。出于好奇，她参加了前往耶路撒冷的朝圣，依靠向水手出卖身体支付旅费。但当她与其他朝圣者一起到达圣城，却发现自己无法进入教堂。她感到被一种无形的力量所阻止。当她望向一幅圣母像，听到一个声音要她渡过约旦河，她将在河对岸获得宁静。根据传说，玛丽买了三条面包，然后到沙漠里居住，在那里依靠野枣和浆果度过余生。当衣衫破败，她的头发已经长可蔽体，她把余生奉献给祈祷和冥想。玛丽的形象经常出现在中世纪的编年史和教堂的雕像中，长发和成为其象征的三条面包是辨认她的标志。[10]

就像今天人们觉得自己熟悉肥皂剧明星一样，人们与圣徒的品格和怪癖共鸣。讲述圣徒故事的圣徒言行录是平淡无味的老生常谈，常常出自忠实的追随者和朋友之手。但其细节中仍然闪烁着人性的一面，一个月里的每一个圣日都提供了自己的节目。在修道院里，清晨的祈祷者倾诉的对象是那一天的圣人。祈祷是请求圣徒关注个人忧虑的方式，歌唱是说出"请聆听"的优美的方式。中世纪的上帝积极地参与到日常生活中。那是耶稣所施展、圣徒所延续的奇迹的信息。所以，崇拜的功能之一就是保证对于个人行为的神圣干预。

在日出之后的第一次祷告之后，修士们可能会修理礼堂。这是修道院的会议室，当日圣徒的生平会在此宣读出来。很有可能有一场小礼拜堂的布道从这位圣徒的生平中择取事例，作为实用训导的出发点。[11] 1 月 5 日是高柱修士圣西米恩的节日，而其他的日子分别属于塞维利亚的伊西多（Isidore of Seville），他宣称在每一个主教区都应该有一所教会学校；圣杰纳维夫（St. Genevieve），她从阿提拉（Attila the Hun）手中拯救了巴黎，当她在夜间祈祷的时候，魔鬼吹熄了蜡烛；圣吕西安（St. Lucien），他因信仰而被戴克里先皇帝囚禁；圣提摩西（St. Timothy），他是圣保罗的同伴，被异教徒投石砸死；圣赛公定（St. Secundinus），他撰写了爱尔兰已知最早的拉丁文赞美诗；还有隐士底比斯的圣保罗（St. Paul of Thebes），据说他在沙漠中度过了虔诚而又简朴的一百年。

每一位男女英雄都可以讲授自己的一课。它帮助你度过每一天，是带来勇气的心灵护符，而圣徒们冒险的足迹——从安条克到塞维利亚，然后北至巴黎和爱尔兰——勾勒了一个形状和性格变幻莫测的世界，远远超乎人们的想象。盎格鲁－撒克逊人知晓欧、非、亚三个大洲，而且也知道印度。9 世纪晚期，阿尔弗雷德国王（King Alfred）曾出资帮助那里的基督教传教士。

英格兰本身就是一张具有魔力的地点交织而成的网。每座教堂的祭坛都保存着最少一位圣徒的遗物。每座现代教堂都属于特定一位圣徒，这一传统可以追溯到罗马教会信仰的创立原则，即圣徒总是与他或她的遗物安息的地方形影相随。天堂被视如王庭。上帝高坐其中，如国王般实施裁判，并且最关注那些传入其耳的声音。在俗世，这样的声音属于伟大的勇士和富豪，在天国，则属于圣徒们。他们圣洁的生活和所遭受的苦难使他们得以直接沟通俗世与天国，而不必在炼狱中等候；他们的身体，或者身体的一部分，安眠在教堂的祭坛中，人们相信他们依然活着。有许多报道声称，打开圣徒的坟墓时，发现了生命的迹象——仍在生长的头发和指甲，未曾腐朽的肢体中仍然流淌着血液，这是生命力的证据，是基督教上帝灵效的证据。那些被证明特别灵验的圣徒的教堂成为崇拜和朝圣的中心。

当肯特的艾塞尔伯特国王（King Ethelbert of Kent）在 597 年接见第一批从罗马教皇处来的基督教神父时，他坚持在露天与他们见面，这样风可以吹走他们使用异域魔法向他下的咒语。[12] 四百年之后，基督教的魔法征服了整个英格兰，圣徒的神龛成了这个民族的能量之源。在北方的是尊者比德的遗物，自他 735 年去世之后就被泰恩赛德（Tyneside）和威尔（Wear）的僧侣们珍藏。他死后不到五十年，把尊者比德作为圣徒的信仰就已生根发芽，因为当地人发现他的遗物具有奇迹般的治疗能力，尊者比德骸骨的功效如此巨大，以至于很多地方宣称拥有它们。11 世纪中期，尊者比德的骸骨被送到达勒姆（Durham）。在韦塞克斯南部，格拉斯顿伯里的修道院是英格兰最为神圣的地点之一，它要求获得尊者比德的遗物，以壮大自己的名声。在晚一些的传说中，耶稣本人曾在古代漫步在格拉斯顿伯里，"英格兰最令人心旷神怡的牧场"；而亚利马太的圣约瑟（St. Joseph of Arimethea）曾旅行至此，种植格拉斯顿伯里荆棘，那是从基督的荆棘冠上摘下来的，并且在每年的圣诞节绽放花朵。[13]

在韦塞克斯的中心地带，在温彻斯特（Winchester）大教堂里沉睡着圣斯威森（St. Swithin）的遗体，他是9世纪中叶的温彻斯特主教，他的遗体在他死后的一个世纪中受到热烈的崇拜。据当时的教师和大散文家埃尔弗里克说，大批病人蜂拥而至，接受圣斯威森的治疗。"不到十天，"埃尔弗里克说，"就有两百人被治好了，在12个月中有数不清的人痊愈。墓地里满是残疾人，挤得水泄不通。"[14]

埃尔弗里克是塞那阿巴斯（Cerne Abbas）一所修道院学校的老师，从那里骑马几天可以到温彻斯特。他在温彻斯特接受教育，所以很可能他所说的内容来自亲眼所见。他在塞那阿巴斯巨人像的阴影下生活、执教超过十二年之久。这幅描绘出狂放生殖器的巨大异教生育之神雕刻在镇子上方的白垩土山坡上。无怪乎尖刻又古怪的埃尔弗里克对于某些人声称拥有与超自然的联系摆出一副超然的面孔,他曾经写道:"有些梦确确实实来自上帝,正如我们在书里读到的那样;有些梦则是魔鬼欺骗的伎俩,试图以此腐化人的心灵。"但是对于发生在 10 世纪温彻斯特拥挤的墓园里的那些奇迹,埃尔弗里克确信无疑:"所有人都奇迹般地在几天内痊愈,没有人能在那一大群人中找到五个不健康的人。"[15]

这是一个信仰的时代。人们对于圣徒的骸骨坚信若狂,就像今天许多人相信麦麸、慢跑或是精神分析可以促进人类的信仰一样。圣徒们曾度过真实的一生。他们面对逆境,无所畏惧地检验自己的准则——也有很多圣徒生活在距离当时不远的年代,因为那时并没有今天这样的封圣程序。深受本地人爱戴的男女修道院长死后几年就会成为当地的圣徒。威尔士王妃戴安娜 1997 年去世时激起的那类巨大悲痛在公元千年将是成为圣人的第一步。第二步则是信仰者对其效力和奇迹般的治疗的证词。

你并非无依无靠。这是《儒略工作历》通过重复十二个月中的圣徒节日所传达的信息。上帝与你同在,还有自古及今的许多人也与你同在。在公元千年,与侏儒、恶魔们一样,圣徒也是至关重要而又充满活力的存在。人们向这个活的群体祈祷,与他们同居共处。

2月

欢迎来到"古英格兰"

是时候见见公元千年的人们了——至少是下面这些枯燥的法律文件跨越时空能够引见给我们的人。这位是埃尔弗拉德（Aelfflaed），是一位死于1000—1002年之间的贵族女子，她在埃塞克斯（Essex）和东安格利亚（East Anglia）[16]留下了大批地产。这位是什罗普郡达灵顿（Donnington of Shropshire）的伍夫吉特（Wulfgeat），一位过分谦虚的地主，他把庄园留给了妻子和女儿。[17]而这位则是来自西南的仁慈的克雷迪顿主教埃尔弗沃德（Bishop Aelfwold of Crediton），他死于1008年，急于释放所有在他的庄园中工作的奴隶。[18]

我们之所以知道埃尔弗拉德、伍夫吉特和埃尔弗沃德，是因为看到了他们的遗嘱；从遗嘱中，我们对他们的物质财富的了解远多于对他们个人的、精神的生活的了解。埃尔弗拉德的遗嘱告诉我们，她显然成功地管理着大片土地的耕作，在一个男性主导的社会中对男人们发号施令；而达灵顿的伍夫吉特很明显觉得把土地留给女性掌管没有任何不妥。《儒略工作历》没有描绘任何女性，但我们将会看到：在公元千年的英格兰，性格坚强的女性能够获取权力，行使权威。人们可能觉得，一位主教将会留下一些虔敬的遗产，但埃尔弗沃德的遗嘱告诉我们，在盎格鲁－撒克逊英格兰存在奴隶；而且遗嘱说明奴隶主会因此感到不安，希望在即将前往彼岸时释放他们。幸存千年的枯燥法律文件只能提供线索，但在它们以及其他证据的帮助下，我们至少可以开辟一条通往真实心灵的道路。

对颅骨的测量表明，生活在公元千年前后的男女的脑容量与我们的不相上下。[19] 我们不应该小看他们。他们想法实际，自制力强，从他们写在纸上的内容来看，他们从不过分庸人自扰。他们是荒岛上的绝佳伙伴，手艺高超，能用自己的双手变出需要的一切。他们能制作也能修理，在工作结束以后，他们也是很好的玩伴，因为他们在生活中学到的最重要的事情之一，就是如何让自己过得快活。他们头脑中的知识很少直接来自书本，因为只有少数人识字。他们可不是依靠档案柜或者机器存储系统储存数据的。他们观察、模仿身边的成年人——通常是父母——学习一切，并且把生存和消遣所需要的所有知识牢牢记住。

他们的诗和故事才刚刚开始形成文字。盎格鲁－撒克逊人以背诵的方式记住他们的传说。他们能够讲述冗长而复杂的家族历史故事——谁是谁的父亲，一直追溯到他们从大海彼岸的森林来到英格兰的祖先。而且他们热爱背诵古老的民间诗歌——野兽和勇士们野蛮而血腥的家族故事。先祖们飘洋过海来到大海边缘"最遥远的岛屿",他们的航行回响在这些故事中。

诗人罗伯特·格雷夫斯(Robert Graves)曾评论古英语诗歌中的号子声与划桨的声音何其相似,韵文的节奏回应着船桨的起落。伟大的盎格鲁-撒克逊史诗《贝奥武夫》(*Beowulf*)记载了一个古老的故事,它保存在公元千年前后撰写的一部书中。《贝奥武夫》在描写一段航行时,确实提到了一种特别的生活:

> 踏波而进,乘风前行,
>
> 翻起浪花,飞翔如鸟,
>
> 弯曲的船首驶过万水千山,
>
> 直到次日黎明,如他们所愿,
>
> 水手们远眺陆地,
>
> 悬崖闪耀,峭壁危耸,
>
> 海岬隐现,那是他们所寻找的登陆之所。[20]

《贝奥武夫》被以文字记录下来,这是很不寻常的。这一点和《儒略工作历》一样,使它成为特别珍贵的证据。2月的日历上的绘画描绘了一片生机勃勃的、修剪过的葡萄园。按照传统，这项工作开始于圣文森特日（St. Vincent's day），也就是 1 月 22 日。[21] 就像描绘 1 月份的耕种一样，对这项并无特殊之处的农业活动的素描别有深意。修剪作物的目的是为了使它们的能量流淌到种植者希望的地方去。这一切都与人类的控制有关——修剪过的作物比野生的产量高。所以，就像轮式犁体现了千年之际人们对于土地的掌控，熟练的修枝证明人类有能力以一种有利可图的方式与上帝创造的灌木、藤本植物和树木合作。

在这个月独有的劳作中，作物的枝条用心险恶地纠缠、扭动。葡萄藤爆发出杰克与魔豆故事中的藤蔓那样的活力，好像与那些照料它的人一样充满生机。但是耕作的人借助手锄（serps）制服它们。这是一种长长的、扁平的铁刃，就像一把手握的犁头，它体现了人们塑造环境的能力——正是当代英格兰的地理景观，为我们提供了千年之际的男人和女人们如何生活的最持久的实证。盎格鲁－撒克逊人在英格兰的乡村景观中留下了他们不可磨灭的印记。到公元千年，现代英格兰的大部分市镇和乡村都已经为水手们所占据，他们成了优秀的殖民者和农民。他们流传更为广远的遗产是语言——极其有力、简洁、丰富的语言，今天全世界数以百万计的人以它作为交谈和思考的基础，并由此塑造了他们的思想。

据说，英语是随着剑刃一起到达英格兰的，而且是两次。它的第一次入侵是在公元 450 年之后，与盎格鲁人、撒克逊人、朱特人和其他来自荷兰和德国北部的部落一起，他们填补了罗马人离开后留下的空白。他们是强健粗野而又意志坚定的侵略者。《盎格鲁－撒克逊编年史》说他们是"渴望荣誉的勇士，骄傲善战的士兵"，他们和那些南下的日耳曼"野蛮人"是亲戚。在日耳曼人与罗马人的战争中，交战的双方都有日耳曼"野蛮人"的身影，许多日耳曼人作为雇佣军为罗马而战。他们没费什么力气就同化了友善的不列颠人，而把那些反抗者驱赶到康沃尔、威尔士、苏格兰和爱尔兰——被称为"凯尔特外缘"的多风荒野和山脉构成的西部新月地带。[22] 在 450 年到 600 年之间，盎格鲁－撒克逊人控制了相当于现代英格兰的大部分地区，他们把尚未控制的不列颠人称为"wealisc"，意思是"外国的"。"威尔士"（Welsh）一词即由此而来。

对被赶走的凯尔特人来说，所有的日耳曼入侵者都是撒克逊人——苏格兰人用来骂人的词 Sassenach 即由此而来。但是许多新来的人开始自称为 Angles（盎格鲁人）。尊者比德采纳了这个词，称他们为 Anglorum，而他们的语言则被称为 Englisc（Angle-ish，古英语)。这种语言富有韵律,其中有许多词,即使今天我们对其所指的事物一无所知,也可以认出来。他们组织了一系列小王国,北部是诺森布里亚(Northumbria);向南是麦西亚(Mercia),这个王国大致占据了现代的英格兰中部;南部则分成东安格利亚、肯特、埃塞克斯、苏塞克斯和韦塞克斯(东撒克逊、南撒克逊和西撒克逊诸王国)。

对现代英语的计算机分析表明,一百个最为常用的英语词都源自盎格鲁-撒克逊人:the, is, you——最基本的要素。[23]当温斯顿·丘吉尔在1940年试图唤醒这个国家,他是在向盎格鲁-撒克逊人发出号召:"我们将在海滩上作战。我们将在着陆地作战。我们将在田野和街道中作战。我们将在山区作战。我们决不投降。"所有这些激动人心的词都来自公元千年之际所使用的古英语,只有最后一个除外,即"投降"(surrender)。这个词源自1066年的诺曼征服后传入的法语。当人类在1969年首次踏足月球,说出的第一句话也发出了类似的回响:"这是我个人的一小步,却是全人类的一大步。"尼尔·阿姆斯特朗说出的这句著名的话正是公元千年时的古英语的一部分。

在此有必要说明,许多被描述为"盎格鲁-撒克逊式"的粗俗的形容词直到相对晚近的时代才传入此地:fokkinge(该死的)、

cunte（笨蛋）、crappe（废物）、bugger（蠢货）都是很久以后的舶来品，可能是在中世纪晚期向伟大的航海探险时代转变时从荷兰传来的。在盎格鲁－撒克逊的英格兰，绝对没有任何肮脏猥亵的语言，至少在那些流传至今的僧侣抄写员的文件中没有。盎格鲁－撒克逊人可能会发誓去做某事（swear to do something），或者以某物发誓（swear by something），但却绝没有任何他们咒骂某事（swear at something）的记录。

当圣奥古斯丁（St. Augustine）及他的基督教传教士在 597 年到达英格兰，希望把盎格鲁人（Angles）度化为天使（angels），古英语表现得极为灵活，欢迎新宗教的术语。"天使"和"门徒"（disciple）、"殉道者"（martyr）、"遗迹"（relic）、"神殿"（shrine），以及其他很多希腊语、拉丁语词一起轻而易举地进入古英语。但对这种语言做出决定性贡献的是第二次斯堪的纳维亚入侵者的浪潮——在始于 790 年的一系列进攻之后，维京人占领了英格兰北部和东部地区。新一代的海上勇士与最初的盎格鲁－撒克逊入侵者来自北海的同一个角落，说一种相似的语言。在下一个世纪中，维京人推翻了诺森布里亚、麦西亚、东安格利亚和埃塞克斯，只有韦塞克斯守住了与恐怖的古斯堪的纳维亚人的战线，英格兰人把他们称作丹麦人（Danes）。这要归功于韦塞克斯了不起的青年国王阿尔弗雷德，在三个兄长死后，他于 871 年登上王位。

有一个关于阿尔弗雷德的故事说，他因为全心思索如何打败维京人，以致烤糊了蛋糕。这个著名的故事被记载在公元千年前后撰写的一份文献中，成为英格兰民间传说。这或许表明阿尔弗雷德是公元千年之际的温斯顿·丘吉尔，或者更准确地说，是公元千年的乔治·华盛顿。阿尔弗雷德率领一小队追随者躲进萨默塞特（Somerset）沼泽的避难所，与乔治·华盛顿历史性的福吉谷之冬遥相呼应。（1777 年冬，英军占领费城，华盛顿率军在福吉谷度过了独立战争中最为困难的时光，不少士兵冻饿而死。他在此训练军队，最终赢得了独立战争的胜利。——译者注）"英格兰性"的命运系于要塞化的阿塞尔内岛（Athelney）上阿尔弗雷德和他的一小队坚定支持者的身上。就是在这里，他烤糊了农妇让他看守的蛋糕。它们可能是放在煎锅上的面团，架在明火上烘烤。国王的沉思成果丰硕，他离开沼泽后，不仅找到了赶走维京人的军事策略，而且设计出一系列鼓舞人心的改革和创新，将会赋予今日所知的古英格兰决定性的身份特征。

到公元千年之际，阿尔弗雷德已经去世一个世纪之久。但他和尊者比德一起，被视为英格兰逐渐形成的身份认同的塑造者。

他最伟大的灵感在于理解了知识是如何解放人的——知识即力量。他曾经写道:"对于任何人来说,无知都是最大的憾事。"对于智慧与技术的渴望使他迫不及待地想要计算出精确的时间。阿尔弗雷德发明了一种带有刻度的蜡烛,随着蜡烛燃烧变短,便可以计算出过去了几个小时。然后,因为他的宫殿总有穿堂风吹过,他设计了一种通风的牛角灯罩在上面,以免蜡烛被吹灭。在快要四十岁时,"在王国的冗务缠身中"——这是阿尔弗雷德自己的说法——他开始学习拉丁语,以便能够把重要的拉丁文本翻译为英文。"在我看来,"他写道,"我们最好把所有人都最为需要的那些书翻译成我们都能理解的语言并加以编排……这样英格兰所有自由的青年人……也都可以阅读它们了。"

阿尔弗雷德指派学者去做大部分工作,但他检查他们写下的一切内容,对他们的译文加以点评,并且考虑建立某种研讨会。他是了不起的灵感之源,唯一配得上"大帝"二字的英格兰君主,而在他的统治之下最伟大的成就则是创造了第一部以英语撰写的英格兰的历史——《盎格鲁–撒克逊编年史》。到公元千年,这部编年史已经编纂了超过一个世纪,远在坎特伯雷、温彻斯特、伍斯特和彼得伯勒(Peterborough)的僧侣参与其中。

在军事和政治方面,阿尔弗雷德的成就在于重新控制了韦塞克斯，并开始征服古英格兰的其他部分。在他死后的数十年中，英格兰人的命令在英格兰南部畅行无阻，向北远及中英格兰。斯堪的纳维亚人被驱赶到北部和东部被称为"丹麦区"（Danelaw）的地方。原来的盎格鲁－撒克逊人和第二波到来的新移民之间的界限大致沿着华特灵大道（Watling Street），这条罗马古路从伦敦延伸到切斯特，对角线似的把这个国家分为两半。但很多英格兰人仍然留在"丹麦区"，这些入侵者的语言与古英语有些相似，但又尴尬地存在不同之处。当他们日复一日地同居共处，便发展出第一种，也是最重要的一种混杂英语。

在维京入侵者到来之前，古英语和斯堪的纳维亚语都是非常纯粹的曲折语，带有复杂的语法词尾，这在德语中保留至今，在法语中也有痕迹。如果一个韦塞克斯的盎格鲁－撒克逊人想要问丹麦区的某人："你有马要卖吗？"他可能会说："Haefst thu hors to sellenne?"而在斯堪的纳维亚语中，这句话会说成："Hefir thu hross at selja?"这个斯堪的纳维亚人可能会回答："Ek hefi tvau hors enn einn er aldr."意思是，"我有两匹马，但有一匹是老马"。在古英语中，这句话会说成："Ic haebbe tu hors ac an is eald."两个人都能理解重要的词"马"（hors, hross）和"老"（eald, aldr），但他们的语法则互相冲突，给交流造成困难。[24]

解决的办法是在日复一日的使用中逐渐磨掉了复杂的词尾。今天，最为现代的英语复数形式是在词尾简单地加一个 s，比如 one horse, two horses；而无论单数还是复数，形容词保持不变。名词也不再像德语、法语、西班牙语、意大利语和其他欧洲语言中那样分阴性和阳性。斯堪的纳维亚语也为英语增加了弹性，当提到"抚养"孩子，你可以使用 rear（英语）或 raise（斯堪的纳维亚语），还可以通过选择使用 wish（英语）或 want（斯堪的纳维亚语）、craft（英语）或 skill（斯堪的纳维亚语），或是 hide（英语）或 skin（斯堪的纳维亚语）来表达细微的差别。[25]到公元千年，两波大规模入侵者的整合带来了一种混合的语言，这个国家每个角落的人们都大致能理解一种通用语。

语言有助于并反映了政治的统一。通过一系列精明的联姻和战争，阿尔弗雷德的儿孙们控制了今天所谓英格兰的全部土地，在 10 世纪早期把他们的权威扩展到丹麦区。阿尔弗雷德最精明能干的孙子阿瑟尔斯坦（Athelstan）于 925 年在金斯顿（Kingston，国王的城镇）加冕，此地即今日的泰晤士河畔金斯顿。他发出豪言，称自己为"不列颠之王"。他在一场血腥的战役中击败了苏格兰和爱尔兰入侵者的军队，由此至少确保了他对英格兰的权

威。《盎格鲁-撒克逊编年史》以《贝奥武夫》式的语句庆祝这
一胜利：

> 当清晨太阳升起，
>
> 当那辉煌的星，那天主、那永恒之主的明烛滑过深渊，
>
> 战士们的鲜血浸染大地，
>
> 把它变得阴暗……
>
> 羽翅黝黑、利喙如钩，乌鸦盘旋，
>
> 褐羽白尾、好斗贪婪，恶隼降临，
>
> 还有那灰色的野兽，森林里的狼，
>
> 来享受尸体的盛宴。[26]

　　阿瑟尔斯坦去世于 939 年。此后的年份中，《编年史》记载了
组成当时统一的古英格兰历史的大大小小的事件。962 年，在伦
敦发生了"规模非常大的鼠疫"和"一场毁灭性的大火"。伦敦最
重要的教堂——圣保罗大教堂在大火中被夷为平地。973 年，阿
尔弗雷德的曾孙埃德加国王（King Edgar）在巴斯（Bath）一次庄
严肃穆的加冕仪式中受膏。当时所用的圣餐仪式直到今天仍是英
格兰加冕礼的基础。假如邓斯坦（Dunstan）大主教或是任何在巴

斯主持仪式的僧侣出现在 1953 年西敏寺伊丽莎白二世的加冕礼上，都会觉得驾轻就熟，毫无困难。

978 年，《编年史》记录了一起发生在威尔特郡（Wiltshire）的悲喜剧。几乎所有皇家议政大臣都在卡恩（Calne）一所新建的皇室庄园中从楼上摔了下来，数人死亡。这是英格兰建筑史上的重要一笔，因为这是最早一条可以证明存在多层寓所的书面证据。建筑技术的进步显然有待于进一步的研究。而《编年史》觉得有必要浓墨重彩地记录下来，当英格兰最为勇敢刚强的一些人狠狠地摔到地上时，"只有神圣的邓斯坦大主教留在了一根横梁上"。[27]

在离开 2 月以前，让我们向瓦伦丁（Valentinus）致意。他是一位生活在 3 世纪的神父，于克劳狄乌斯（Claudius）皇帝统治时期在罗马封圣。属于他的宗教节日是 2 月 14 日，至今仍是如此。他的生平细节模糊不清，而教会史专家也无法弄清楚，为什么他会成为情侣和罗曼蒂克的保护者。历史学家说，2 月中旬是罗马人放纵的丰产的节日，属于畜牧之神卢波库斯（Lupercus），不育的妇女在此时寻求医治的良方。民间传说则把现代人互送贺卡和烛光晚餐的狂欢追溯到鸟儿在 2 月开始寻找配偶的古老乡村信仰。这些说法可能都是对的，而这也说明早期教会为自己的目的借用异教信仰的精明之处。然而时至今日，圣瓦伦丁节成为日历中唯一收获普遍热情的圣徒节日，这已与基督信仰无关。

3 月

寻求食物

今天，我们谈论街上的男女。而在公元千年，普通人的代表形象是手拿铲子，或者如本月日历上的图画所示的那样，手拿耙子、丁字斧、鹤嘴锄以及穿着兜满种子的围裙的人。农夫和他的家人是这片土地的脊梁。

3 月是春天的预演。寒冬终于放松了它的束缚，因为春分将在 3 月降临。3 月 21 日是神奇的一天，它在 24 个小时中拥有完全相同的光明与黑暗——日历下方以两个罗马数字指明这一点：NOX HOR XII（夜晚 12 小时），HABET DIES HOR XII（白天有 12 小时）。在 1 月，日历说黑夜有 16 个小时，而白天只有 8 小时；而在 2 月，黑夜与白天的比例是 14∶10。3 月 21 日以后，太阳不断吞噬黑暗，真正的耕作开始了。

对于一位现代访客来说，中世纪英格兰村落最让人印象深刻的无疑是它的宁静——没有飞机飞过，也没有交通工具的嗖嗖或是隆隆声。请放下这本书一分钟。你能听到些什么吗？某种机器在运转？水管中水流的声音？远处收音机的声音或是风钻在马路上打洞的声音？噪音是所有现代污染中最为阴险，最难以觉察的一种。

而在公元千年之际，灌木篱墙确实也有它的声音。你能听见幼鸟在窝中歌唱，而你唯一能听到的机械的声音是铁匠鼓风箱的喘息声。在一些村庄，你能听到教堂塔顶的钟声，或是过去200年中建造的水磨的木头齿轮发出的嘎吱声、吭当声。如果你住在英格兰十几所大教堂之一附近，你可能会听到新引进的教堂风琴的铜管发出的声音。当蜜蜂嗡嗡，林鸽发出咕咕的鸣叫，你将听到上帝的创造，因其中细微的差别而乐在其中。

公元千年是一个空旷的世界，让人可以展开手脚，自由呼吸。整个英格兰的人口不过100万多一点，是今天我们身边人数的四五十分之一。大部分人居住的社区都很小，二十来户人家围绕绿地组成一个环形的村落，或是沿着一条多风的街道上下伸展。现代郊区的独头巷需要向这些小村庄的原型致以怀旧的敬意。公元千年之前的几个世纪，人们选择十字路口、溪谷或是跨河桥这样可以聚集而居的地方安家度日。围绕绿地建造的村庄最初可能被建造成圆形，以便保护牲口免遭狼或是其他掠食者的伤害。到第一个千年尾声，几乎每个现代英格兰村庄都已经建立起来，并有了与现在一样的名字。这些名字可以告诉我们它最初是属于盎格鲁－撒克逊人还是丹麦人。

以 ham 作为词尾的地名暗示着它起源于盎格鲁－撒克逊人，如达勒姆（Durham）、克拉珀姆（Clapham）或是桑德林汉姆（Sandringham）。ham 在古英语中的意思是"定居点"。其他的盎格鲁－撒克逊词尾包括 ing（如雷丁，Reading）、stowe（如费力克斯托，Felixstowe）、stead（如汉普斯特德，Hampstead）。如果词尾是 by，那么它是维京人的定居点，比如惠特比（Whitby）、德比（Derby）或是格里姆斯比（Grimsby），by 最初的意思是农场。其他的丹麦语词尾包括 thorpe（如斯肯索普，Scunthorpe）、toft（如洛斯托夫特，Lowestoft），toft 的意思是"一块土地"。还有 scale，意思是临时的窝棚或避难所，比如温德斯格尔（Windscale）。

掌握了这些混杂语之后，我们可以来看看林肯郡（Lincolnshire）海岸沼泽的一长串村庄的名字，以便了解盎格鲁－撒克逊人和丹麦人是怎样交错杂居的。盎格鲁－撒克逊人居住在诸如考文海姆（Covenham）、阿尔文海姆（Alvingham）这样的内陆定居点。但是离那里不到 5 英里远，就有丹麦人居住在北索尔斯比（North Thoresby）或离海更近一点的格林索普（Grainthorpe）。然后就出现了两种遗产融合的地方。几乎可以确定，麦尔登镇（Melton）最初是盎格鲁－撒克逊定居点 Middletoun；当维京人到来，他们把 Middle 改成了 Meddle；然后在岁月的流逝中，Meddletoun 变成了 Melton。[28]

一个英格兰人居住的村庄是他人生开始的地方，几乎也是他世界的尽头。他知道自己居住在古英格兰，而且他很可能也知道国王的名字。国王粗糙的头像被铸造在硬币上，而硬币开始在乡村经济中扮演重要的角色。他或许也曾远足，爬上最近的山顶，凝望他可能造访过的其他村庄。他几乎一定曾沿着一条深深陷入地面、割开了田间道路的车辙去过最近的集镇。

当他站在山顶，他所看到的森林未必比我们今日所见多多少。人们常常猜测，中世纪的英格兰为茂密的森林所覆盖，但新石器时代的不列颠人早在公元前 5000 年已经开始砍伐树木，种植庄稼。罗马人大规模经营土地，为村庄、农场以及穿行乡村的道路打下了基础。盎格鲁－撒克逊的耕作队伍继续了这一过程。所以，公元千年，一位站在比如萨里的盒子岭（Box Hill in Surrey）上的盎格鲁－撒克逊人举目所见的植被，与八百年后简·奥斯丁笔下的爱玛所看到的并不会相差多少。

这些盎格鲁－撒克逊人可能也已经目睹了一两座光彩照人的新教堂拔地而起，这些教区教堂是用石头建造的，在第二个千年中将会成为英格兰乡村生活的中心。英格兰最早的基督教传教士是那些走出教堂修道院，来到高大的十字架下面布道的僧侣。一些古老的城镇和村庄的中心仍然保留着这样的十字架。高大的十字架指明了村民们聚集起来，进行祈祷的地点，但随着教会越来越富有，会众得以建造专门用于祈祷的房屋，最初是木制的，后来用石头建造。

英格兰人自己居住的房屋当然是木结构的。房屋的骨架用粗壮结实的木头柱子组成。这些木头柱子插进地面，用木楔子固定在一起。然后，在骨架外面盖上厚木板或者沉重的、像编篮子一样编在一起的柳树或榛树枝，外面还要盖上"cob"，这是一种黏土、稻草和牛粪的混合物。直到不久之前，萨默塞特郡（Somerset）和德文郡（Devon）的居民还用这种东西建造村舍。屋顶覆盖着稻草或芦苇，而窗户就是在墙壁上开凿的缺口，用板条遮挡。这是因为玻璃——把山毛榉灰和洗净的沙子一起在炭炉中烧制而成——珍贵，而且很可能是舶来品。[29]

乡村生活是每个人长久的慰藉。每个盎格鲁－撒克逊人很可能都认得出村子里的每只鸭子、每只鸡和每头猪，而且知道它们的主人是谁——正如他知道邻居生活中的一切。他的交际圈可能连一本现代备忘录的三四页都无法填满，他可能永远都不需要新的一页，因为他邻居的父母就是他父母的邻居，而邻居的孩子也注定会与他的孩子共度一生。生活还能怎么样呢？与之最相近的现代例子就是，围着广播或是电视肥皂剧主角的家庭打转的那些有限又重复的朋友圈子。公元千年之际，相同的基督教名字经常作为家族传统代代相传，但却没有姓。此时的人们还不需要姓。

在乡村附近，田野开始逐渐变为我们认识的形状，这要感谢那些农夫，他们使用有力然而笨重的牛犁辛勤劳作。牛犁翻开的痕迹又深又长，但当它到达犁沟的尽头，需要掉头时却很麻烦。所以，就像村庄的牲畜在共有的草场上吃草一样，耕地也以社区为基础进行组织，每一块耕地都是长条形的。

埃尔弗里克，一位塞那阿巴斯的教师，让他的学生扮演不同农场的工人进行对话，以此练习拉丁文。下面这段对话中，工人们向盘问他们的主人描述自己的工作。

主人　　　　你说说，庄稼汉？你是怎么工作的？

"庄稼汉"　　噢，我工作得非常辛苦，亲爱的老爷。天刚亮我就出门，赶着牛下田。我给它们带上轭，犁地。因为我怕您，再冷的天气我也不敢待在家里。牛带上轭，装好了犁铧和犁刀后，我每天都要耕一英亩的地，或者更多。

主人　　　　有人跟你一起去吗？

"庄稼汉"	有个小伙子，他用刺棒赶牛。因为天气冷，又要喊，他也说不出话来了。
主人	你每天还干什么？
"庄稼汉"	我做的比这更多，真的。我得喂牛吃干草，给它们喝水，把牛屎清理出去。
主人	噢，噢！这是很累的活儿。
"庄稼汉"	是很累的活儿，先生，因为我不是自由的。

　　庄稼汉的对话把我们的注意力吸引到公元千年之际人们基本而毫无浪漫之感的现实生活上来——人们依赖于奴隶的劳作。1066年，诺曼人把他们以军事为基础的土地占有制引入英格兰，一代又一代学生都知道，这种制度被称为封建制。这是一种由农奴、佃农和地主构成的等级制度，历史学家对其细节始终争论不休。但是在1066年以前，事实上所有文献资料，包括遗嘱、地契和当时的文学作品，都清楚地显示出英格兰一些地区农村经济的基础是一群只能被称为奴隶的劳动者。

　　古典时代的生活基础是奴隶制，这是众所周知的；但人们有时假定，奴隶制随着罗马帝国的崩溃而结束了。实际上，征服了罗马的日耳曼部落与罗马人一样热衷于掠夺、使用和买卖奴隶——征服地中海的阿拉伯人也是如此。5—10世纪的战争中，掠夺人口是与掠夺土地同样重要的目标，而德国中部的部落对于斯拉夫邻居的袭击尤其成功。如果你在公元千年之前几个世纪的欧洲购买奴隶，他或她很有可能就是一个斯拉夫人（Slav）。"奴隶"（slave）一词便由此而来。

在英格兰，事实证明盎格鲁－撒克逊人是不亚于他们的日耳曼表亲的奴隶贩子。古英语表示奴隶的词中有一个是 Weallas 或 Welshman，由此可以看出他们是从哪里捕获了奴隶（Welshman，威尔士人。——译者注）。1086年，诺曼人在"末日审判"（Domesday）中对征服的土地进行了调查。调查清楚地显示出，英格兰西部的奴隶明显比东部的要多，这一点反映了下述事实：英格兰西部与威尔士接壤，以及布里斯托尔（Bristol）是一座与爱尔兰的维京商人开展奴隶贸易的港口。根据当时的编年史记载，11世纪的都柏林拥有西欧最大的奴隶市场。

但战争并非奴隶的唯一来源。盎格鲁－撒克逊法典把罚为奴隶作为惩罚，适用于从盗窃到乱伦的某些罪行。在乱伦罪中，男性被判为国王的奴隶，而女性则被罚为地方主教服务。[30] 对这种罪行来说，死刑显然过于严厉，而长时间的监禁也不现实。只有当石造建筑和铁栏杆出现，监禁才逐渐发展起来；又因为贫穷的罪犯无力支付赎金，他们唯一能够罚没的东西就是劳动力。

　　饥荒和不幸也会使人们卖身为奴，因为除此之外，他们再没有什么可以为家人付出的了。后来的几个世纪中，人们可以依靠救济院或是破产法应对这样的悲剧，然而在公元千年之际，饥饿的人除了跪倒在主人或主母面前投身为奴之外，别无他法。他们不需要签署法律文件，新奴隶被给予一把镰刀或是赶牛棒，以此象征他劳役生活的开始。这是一种基本的交易，以人身换食物。主人（lord）一词在古英语中最初的意思是"提供面包的人"。来自诺森布里亚的吉特福莱德（Geatfleda）女士在 10 世纪 90 年代的一份遗嘱中把这种交易解释得特别清楚："为了主的仁爱和她的灵魂，[吉特福莱德] 把自由给予铁匠艾克瑟德（Ecceard），费尔弗斯坦（Felfstan）及其妻子和所有后代，无论是已经出生还是没有出生的，还有阿西尔（Arcil）、科尔（Cole）、艾克福斯（Ecgferth）[和] 艾德哈恩（Ealdhun）的女儿，以及所有在那邪恶的日子里为食物而投奔她的人。"[31]

　　直至今日，奴隶制在世界的某些角落仍然存在。从个人自由的安全出发，我们认为这个概念是可耻而不人道的。但是在公元千年之际，很少有人拥有现代意义上的自由。几乎所有人都从属于比自己强大的某人，而卖身为奴者的生活境况与其他劳动者并没有多少差别。"奴隶"是唯一可以描述他们的劳役状态的词，但是我们不应该想象他们像古典时代的甲板奴隶那样披枷带锁，或是像 18 世纪棉花种植园里的奴隶那样住在隔离营中，又或者，像我们自己的时代中南非矿井中的工人那样。大多数奴隶与家人一起，住在村庄里我们可以称其为"不能离开"的住所中，很有可能还会饲养自己的牲畜。他们是扛铲子的人。

公元千年，人们无法想象没有保护人的生活。你有一个天堂中的主，你也需要一个俗世中的主人。埃尔弗里克的《谈话》中的庄稼汉怨恨地谈起他的主人，以及因为主人的需要，他工作得如此辛苦。但是其他中世纪文献提到，对一位好主人的忠实服务是满足感相当重要——甚至是令生活充实——的来源，直到我们自己的时代，对很多佣人来说仍是如此。对于"服侍"这个概念的轻蔑是 20 世纪后期的发明。公元千年之际，每一个英格兰村庄中都有一位本地贵族充当邻居们的保护人，而互相尊重是这种关系中的重要元素。盎格鲁－撒克逊贵族从未行使或是试图索取臭名昭著的初夜权。在欧洲的一些地方，根据庄园的法律，本地贵族有权与村庄里的新娘在她们的新婚之夜同床。而且，盎格鲁－撒克逊贵族的权力受到诸多限制。

当时英格兰教会中的大人物是约克的伍尔夫斯坦（Wulfstan），

他是千年之际的比利·格雷厄姆（Billy Graham）（美国牧师，当代最著名的传教士，据说曾到全球 185 个国家和地区传播基督教。他于 2018 年逝世。——译者注），他关于地狱磨难的布道令信众们战栗不已。作为两个主教区的管理者——伍尔夫斯坦是伍斯特的主教和约克的大主教——他不得不管理英格兰最大的一宗地产。有一种说法认为，他是《人民的权利与等级》（*Rectitudines Singularum Personarum*）的作者。[32] 这本小册子试图根据权利与义务来规范贵族的统治与奴隶的劳役。在一份关于地产管理者，也就是所谓城镇长官（reeve）[33] 职责的相关文献中，这位大主教审查了如何能使农业成功运转，列出了铲、锹、耙、锄、赶牛棒、桶、连枷、筛子以及其他所有需要的工具，直到捕鼠器。

伍尔夫斯坦描述了在一个普通的英格兰村庄中可能遇到的各种类型的劳动者，而他的描述清楚地说明庄稼汉和他负责赶牛的助手几乎一定是奴隶。他们照顾为地主耕地的牛队，这个地主可能是一名主教，是当地修道院的院长，或是一位贵族。牛队的主要任务是耕作地主的土地，但同时也为村庄里的其他居民犁地。居民们以各种各样的实物地租作为报酬。

在这样一个集中而独裁的制度下，仍有自由发展的空间。伍尔夫斯坦列出了人们的应得报酬和额外收入：如果牧牛人自己拥

有母牛，他可以把它和主人的牛一起放牧；牧牛人可以把圣诞节
前后 12 个晚上的牛粪留作自用，还可以获得春分、秋分后 7 天的
牛奶，这是他的额外收入；自己耕作至少 5 英亩土地的人是佃农，
他们在每个星期一和 8 月份每个星期的 3 天为地主工作，以此作
为地租。8 月份是接近收获的时候，佃农们只是出工还不够，他
每天需要收割整整一英亩燕麦或是半英亩小麦——回家时，他可
以带走一捆作物作为奖赏。

伍尔夫斯坦描绘了庄园中平等交换的大概情况，强调规则富
有弹性，因当地情况的不同而变化。他写道："如果不想为人所恶
的话，一个人必须乐于了解当地的规则。"他以一段谈论庆典如何
发挥作用的话结束了他的思考。庆典在一年耕作的关键时刻，把
人们聚集在一起——收割后的丰收宴会、犁地后的聚饮、牧草丰
收后的酬谢、干草垛上的聚餐、用马车运送木头时得到一块原木、
运送谷物时获得一堆干草，"还有我无法尽数的许多东西"。[34]

公元千年之际，尽管这个月的劳作无休无止，人们仍能享受
许多快乐非常和庆典的时刻。当 3 月来到尾声，乡村期待着最重
要的节日——复活节——的到来。

4月

宴 饮

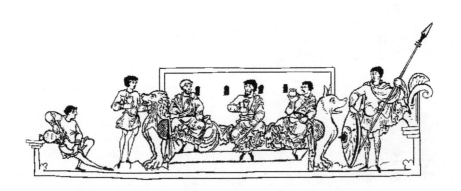

厄俄斯特（Eostre）是斯堪的纳维亚部落的黎明女神。她的名字来源于"东方"（east），那是太阳每天升起的方向。专属于她的节日是春分——从这天起，太阳开始统治北半球的天空。异教徒的传统说到"一年之主"（Year King），这是被选中在冬去春来的时节作为祭品的人。他的尸体被埋葬在田野中，随着谷物成长，神奇地获得新生。人们食用面包，由此分享了他获得重生的奇迹。

基督教复活节拥抱了这一前基督时代的传统。根据尊者比德的计算，英格兰教会在春分后第一个满月之后的第一个星期六庆祝复活节，而且天主教会鼓励信徒以几乎完全个人化的方式体验耶稣的受难。有一种传统要求人们在耶稣受难日避免使用钉子或铁制工具，这是为了铭记耶稣在十字架上被铁钉刺穿手掌。第二天，信徒们前往教堂，参加沉痛的星期六守夜仪式，这是为了纪念耶稣的入葬。人们燃起蜡烛，其中掺入了五种香的颗粒，以此象征救世主身上的五处伤口。

在庆祝复活节时，圣餐礼尤其重要，因为复活节是除了圣诞节和圣灵降临节之外为数不多宴饮的日子之一。此时，普通信徒也可以享用面包和葡萄酒。这并非教义的问题，而是可行性的问题。人们只是没有足够的酒和面包供每周享用。埃尔弗里克利用这一特殊的场合，向信徒们训诫圣餐的重要性，这一训诫是为教区神父在地方教堂宣讲而撰写的：

> 亲爱的弟兄，你们曾多次听说过救世主的重生。受难之后，他在今天死而复生。现在，我们以上帝的荣耀，向你们解释圣餐，这是你们必须要领受的……以免对于生命之粮的疑虑伤害到你。
>
> ……曾有些人经常发问，现在仍然经常会问，用谷物做成，用火焰烘烤的面包怎么会变成基督的肉；或者，从葡萄里榨出来的酒，怎么会因赐福而变成主的血？
>
> 现在，我告诉这些人，关于基督的这些话是比喻……人们用"面包""羔羊"和"雄狮"等等来比喻他。称他为"面包"是因为他是我们，以及天使们的生命；称他为"羔羊"是因为他的清白；称为他"雄狮"是因为他拥有战胜强大魔鬼的力量。虽然如此，就本质而言，他既不是面包和羔羊，也不是雄狮……

如果我们从肉体意义上看待圣餐，我们将会看到……它们是易腐败的面包和酒，而借助这个神圣的词的力量，它们真正成为基督的肉和血；然而，不是肉体上，而是精神上的。[35]

埃尔弗里克关于圣餐的教导明显不同于后来天主教会确定的圣餐变体论（圣餐变体论认为，经由神父的祈祷，圣餐已是耶稣的真实的血肉。——译者注）。在强调面包和酒的象征意义这一点上，这位僧侣简直就是清教徒。他据以说教的论述后来受到罗马教会的谴责，被下令销毁。但最令现代读者感到惊讶的并非神学，而是这位僧侣对于一个复杂问题清晰、有力的阐述，他的写作与表达毫无纡尊降贵或过度简化之感。

挨饿的人尤其欢迎复活节的宴饮。今天，我们在电视上看到饥荒，但我们这些住在西方发达国家的人很少因此而焦虑。这是我们的时代与公元千年之间另一个重要的不同之处，那时，饥荒的可能始终存在，令人耿耿于怀。

"我会提供……生活所需，"中世纪寓言中的农夫皮尔斯（Piers Plowman）如是承诺，但有一个前提，"除非天不作美。"[36] （《农夫皮尔斯》据说是 14 世纪晚期的诗人威廉·兰格伦［William Langland］的作品，通过描写梦境展示了中世纪英格兰社会生活的图景，以寓言的方式惩恶扬善。——译者注）自然灾害和随之而来的困难是纠缠不休的幽灵。人们以粮食歉收、天气恶劣之类的事件标记年代，《盎格鲁－撒克逊编年史》列出了悲惨时代的里程碑：

975 年　　　遭遇了一场大饥荒……

976 年　　　这一年英格兰人遭到了大饥荒……

986 年　　　这一年英格兰的牲畜第一次发生了大瘟疫……

1005 年　　这一年所有英格兰人都遭到大饥荒，这是人们记忆中最糟糕的一次……

1014 年　　在这一年圣米迦勒日的前夜（9 月 28 日），巨大的海浪淹没了全国的很多地方，海浪从来没有冲进内陆如此之远，许多居民点和数不清的人被淹没……

1041 年　　在许多方面，这都是很艰难的一年：天气恶劣，粮食歉收；因为坏天气和各种疾病，这一年死亡的牲畜前所未有地多。[37]

在这些邪恶的年份中，人们被迫跪倒在主人面前，投身为奴。

根据一条盎格鲁－撒克逊法律，在饥荒时期，"如果迫不得已，父亲可以把不足七岁的儿子卖为奴隶"[38]，甚至杀死婴儿也不算犯罪。[39]比德讲述了一个触动人心的故事，7世纪的苏塞克斯饥民相约自尽："常有四五十个瘦削饥饿的人来到悬崖上，或是海边，他们在那里手挽手跳下去，摔死或是淹死。"[40]毫不奇怪，那些年的另外一部编年史记载"人吃人"。[41]

对于公元千年之际的人们来说，人吃人只是一种恐怖的民间记忆而已，但所有人都知道，人们得靠在森林里找山毛榉坚果和其他不常吃的东西为生，而这些东西在好时节里是喂猪的。在盎格鲁－撒克逊居民遗址中发掘出烧黑了的橡实，当谷物不足时，人们把橡实、黄豆、豌豆甚至树皮磨碎，掺进面粉里作为补充。在物资匮乏的时候，人们把灌木丛翻个底朝天，寻找药草、根茎、荨麻，以及各种野草——任何能够抚慰饥饿带来的痛苦的东西，而不会为此感到难为情。

"什么东西能把苦变成甜？"约克郡的男校校长阿尔昆（Alcuin）问道。他在8世纪前往帮助查理曼改革法兰克人的教育。答案是："饥饿。"

教会把斋戒作为利用饥饿达成精神目的的手段，而复活节就发生在大斋节四十天的斋戒之后。复活节正值冬天的最后一个月，谷仓、粮囤越来越空，大斋节借助这种感觉塑造了一种必要的美德。但是斋戒是一个把对于物质的关切提升到新高度的过程，它是一种净化自己、使上帝与你同在的手段。或许选择匮乏会使上帝给予更多。斋戒与宴饮的节律是又一种今天大多数西方人会感到陌生的中世纪体验，而它使复活节的喜悦更为强烈。不论是在教堂里还是一场成功的复活节晨间仪式后的饭桌上，都是如此。

肉食是盎格鲁－撒克逊宴会上最重要的组成部分——用烤肉扦烤好的大块牛肉被认为是最高礼遇。羊肉不算是美味佳肴。伍尔夫斯坦关于庄园管理的备忘录把羊肉描述为奴隶的食物，猪肉似乎也被视作平常之物。

现代营养学家或许会很欣赏这些肉食，因为它们的脂肪含量全都相对较低。饱和脂肪是卡路里的来源，与之相伴的还有当代的健康难题。这些问题是近年来工厂化农场密集饲养的动物才有的，原因在于它们过于丰盛、"科学"的食谱和缺乏锻炼。所有的盎格鲁－撒克逊动物都是散养的，如果当时人听说用耕地生产动物饲料，可能会深感震惊。耕地是用来养活人的。所以农场中的动物脂肪含量低、苗条，它们的肉中所含的蛋白质是脂肪的三倍。而对于现代密集饲养的动物来说，这个比例常常是倒过来的。[42]

　　家禽被视为一种奢侈的食物，人们还认为它可以医治病患，尤其是禽肉做成的汤。古代英格兰的食谱和药方显示，公元千年之际，鸡汤在缓解病痛、恢复体力方面已经很有名。除了鸡肉，盎格鲁-撒克逊人的宴饮中还有鸭、鹅、鸽子和其他各种打猎时捕获的鸟类——而人们最喜爱的猎物则是鹿。

　　埃尔弗里克的教室对话中滔滔不绝地说到了鱼类，其中的"渔夫"描绘自己用渔网、鱼饵、鱼钩和篮子捕鱼。今天我们很熟悉捕龙虾和螃蟹的篮子，但公元千年的渔夫经常使用灌木制成的鱼梁，人们今天在塞汶河（Severn）河口仍然能看到这种东西。鱼梁很宽，是固定的漏斗状的网状编织物，像是很多鸽子洞，鱼被冲进去后，就被困在里面。伍尔夫斯坦大主教描述，在经营妥善的庄园里，建造鱼梁是夏天需要完成的任务之一。很明显，11 世纪英格兰的河流上有很多古怪的装置，甚至影响到河流的通航。11 世纪 60 年代，忏悔者爱德华国王（King Edward the Confessor）统治时期的一条法令要求拆掉泰晤士河、特伦托河（Trent）、塞汶河和约克郡乌兹河（Yorkshire Ouse）上的渔场。[43]

　　"你们捕到了什么鱼？"埃尔弗里克教室对话中的主人问道。"鳗鱼和梭子鱼、鲦鱼和江鳕鱼、鳟鱼和七鳃鳗。"扮演渔夫的小学生回答说。

对于现代人的口味来说，这个单子中包括了一些蠕动扭曲、令人感到不自在的动物。江鳕鱼又叫鲶鱼，头部扁平，鼻子上有两根短须，下巴上有一根；而七鳃鳗长得更丑，有时候被描绘为水蛇，它的特征是有吸管一样的大嘴，用来寄生在别的鱼身上。七鳃鳗像所有的鳗鱼一样，肉肥且富含油脂，在中世纪被认为尤为美味。一件非常有名的事情是，征服者威廉最小的儿子亨利一世因七鳃鳗而死，编年史记载他在 1135 年死于"吃了太多七鳃鳗"。

埃尔弗里克的渔夫健谈而且坦率：

主人　　你为什么不去海里捕鱼？

"渔夫"　我有时候去，但是很少，因为我要划船很久才能到大海。

主人　　你在海里捕什么？

"渔夫"　鲱鱼和鲑鱼、鼠海豚和鲟鱼、牡蛎和螃蟹、贻贝、螺、扇贝、鲽鱼、比目鱼、龙虾和其他许多类似的东西。

主人　　你会去捕鲸吗？

"渔夫"　我不去！

主人　　　为什么？

"渔夫"　　因为捕鲸太冒险了。对我来说，坐着我的小船到
　　　　　河上捕鱼比和许多船一起捕鲸安全多了。

主人　　　为什么这样呢？

"渔夫"　　因为我选择去捕我能杀死的鱼，而不是那些一下
　　　　　子就能把我和同伴一起沉到海底或是杀死的鱼。

主人　　　可是有很多人确实捕到了鲸鱼，没有遇到危险，
　　　　　而且发了大财。

"渔夫"　　您说得对，但是我不敢去，因为我胆小。

　　埃尔弗里克显然听说过渔民们结伙划着小船出去捕鱼，今天
法罗群岛的渔民仍然这样做。他们把鲸鱼驱赶到水湾中，然后把
它向岸上赶。一种咸的鲸脂（craspois）在公元千年前后进口到伦
敦，有些营养学家怀疑这是否反映了一种生理需要。盎格鲁－撒
克逊人的居所保暖性能非常差，按照这种理论，当时的饮食必须
为身体提供特别厚的隔热层。

　　然而，宴饮的意义远远不仅在于摄取营养，因为交际本就是
盎格鲁－撒克逊生活的核心内容。被认为是伍尔夫斯坦撰写的关
于庄园管理的备忘录把庆典视为社区的生命，而大主教本人虽然

遵守神父的清规戒律，却因为大方好客而出名。作为一名虔诚的僧侣，伍尔夫斯坦不饮酒、不吃肉，但他慷慨地为客人提供酒肉，自己则坐在他们中间，吃简朴的食物。他的个人倾向使之成为角落里的素食者，但表现出好客和充当宴会的主人对于他大主教和教会亲王的身份却很重要。

那个时代的史诗总是结束于宴会厅。谁不熟悉贵族、淑女和家臣们聚集在古老什一税仓库般的巨大木头厅堂里的场景呢？阳光、橡木和风穿过墙壁，厅堂的中间燃起火堆，水汽从盖满灯芯草的油腻地面蒸腾而起，灯芯草中丢弃着古老的鸡骨头。很多现代的古装剧中用夸张的手法再现了这一画面，但是考古发掘证实了大部分物质上的细节，甚至包括地上垃圾里生出的蛆。

"勇士们纵声大笑，空气中回荡着心满意足的嗡嗡声。"《贝奥武夫》如是描述盎格鲁－撒克逊人的宴会。我们在《儒略工作历》4月份的绘画中也能感受到同样的氛围。画中的饮酒者并肩而坐，英雄史诗中把他们坐的这种凳子称为"medu-benc"，意思是"蜜酒凳"（mead-bench）。在公元千年，贵族们的宴会是一件浮华铺张的盛事，当时的遗嘱表明，最为人们看重的财产是他们款待客人时的用具。阅读当时的财产清单，你可以想象自己坐在宴会桌旁——大厅的墙壁上满是挂毯，椅子上包裹着座套，"桌子上尽是时髦的桌布"[44]，还有烛台，以及精致的酒具，这些酒具一定很像这个月的绘画左侧的小伙子斟满的兽角杯。考古发掘出土了一些特别大而精美的兽角杯，以及一些仪式上使用的珠宝和装饰精美的高脚杯，但是却没有餐具。吃东西用的叉子直到 17 世纪才发明出来，当你出席宴会时，要自备餐刀。

在传说中，人们在宴会上喝蜂蜜酒。这是一种非常甜的酒精饮料，酒劲儿很大，是把没用的蜂房压碎、发酵成的。[45] 葡萄酒比较少，酒精含量也低些。英格兰葡萄的酵母一般只能产生不到 4% 的酒精，当时也没有带软木塞的密封玻璃瓶，让其获得储藏酒的"最佳"特性。带软木塞的葡萄酒瓶直到 18 世纪才发明出来。盎格鲁－撒克逊时代的葡萄酒保存在木桶和皮囊里。

"我让你昏沉，我让你难受，我很快让你呕吐，"这是当时的一个谜语，打一种酒精饮料，"有时候我把一位老兄放倒。"[46]

谜底是蜂蜜酒而不是葡萄酒，因为大部分的盎格鲁－撒克逊葡萄酒都是低度的果味酒，很像今天的博若莱新酿葡萄酒，在葡萄收获后很快就开始喝，到下次收获前就喝光。

当时的啤酒也不足以使人喝醉。公元千年，人们已经在种植啤酒花，但是只用于给衣物染色。直到 14 世纪，才有证据表明啤酒花被广泛用于酿制啤酒，从而使英格兰啤酒带有苦味，并且能够长期保存。和葡萄酒一样，公元千年之际的麦芽酒也必须尽快喝掉，它很可能是一种粥一样黏稠的甜饮料。

麦芽酒是中世纪人们的饮料，喝麦芽酒比喝水要安全得多，因为经过煮沸、发酵，它在某种程度上避免了污染。所有的盎格鲁－撒克逊饮料都比较黏稠，这反映在一种今天只有在厨房中才会用到的器皿上——滤网。在盎格鲁－撒克逊早期名门女子的坟墓中发现了装饰精美的漏勺。这些精致、珍贵的器具是地位的标志，可能被戴在脖子上，就像今天的酒侍会带着酒碟一样。这是因为，在男人们的宴会上斟酒是名门女子在礼仪上的职责：

> 维瑟欧（Wealhtheow）走上前（《贝奥武夫》写道），
>
> 小心翼翼地遵循礼节
>
> ——她是赫洛斯伽（Hrothgar）的王后，
>
> 穿金戴银，这位骄傲的女人，
>
> 向厅堂里的男人们致意，然后举起酒杯，
>
> 第一个敬献丹麦人的国王。[47]

　　盎格鲁－撒克逊君主们在仪式性的宴会中展示自己的权力和尊严。宫廷就像马戏团一样，在一年中巡回各地，受到人们的欢迎，并在他们感到厌倦时离去。复活节的聚会是一年中主要的款待活动之一。我们可以想象，五十到两百人来来去去，他们的马匹需要食物和水，随之而来的还有请愿者、寻求保护的人，以及当地的大人物，他们受邀朝觐国王、做生意、重申自己的效忠，并按照历史悠久的传统聚会宴饮。

　　这些年中的伟大王国和帝国是围绕着阿尔弗雷德和查理曼这样魅力超群的领袖建立起来的，而保持权力则依赖于巡回不断的大范围握手致意。在公元千年之际，英格兰的国王是阿尔弗雷德的玄孙埃塞尔雷德（Ethelred），在他死后，不厚道的编年史家给他起了一个外号"Ethelred Unred"。"Unred"后来被错误地变形为"Unready"（"没准备的"），从此以后的历史上，埃塞尔雷德就被称为"仓促王"。

　　实际上，"Unred"在古英语中的意思是"失策的"（ill-advised），它是"埃塞尔雷德"的古英语含义的押韵双关语。在古英语中，Ethelred 的意思是"得到忠告"（of noble counsel）。他"得到忠告，却决策无方"（of noble counsel, rubbish counsel），这一悖论总结了他漫长统治的特性。公元千年时，埃塞尔雷德已经在位22年，他的臣民对生活的感受复杂而又矛盾：在某些方面，这是最好的时代，但同时也是最坏的时代。

5月

羊毛与财富

如果失策者埃塞尔雷德，也就是后世所说的仓促王，在公元千年或是那年前后去世，他或许会被称誉为可以与他杰出的祖先阿瑟尔斯坦相提并论的国王。阿瑟尔斯坦是第一位统治了整个"古英格兰"的国王。公元千年之后，埃塞尔雷德面临了一系列困难，最终导致他被流放，并且不光彩地死去。但是从公元千年的视角来看，有理由说埃塞尔雷德给英格兰的第一个千年带来了值得喝彩的结尾。王国比以往任何时候都更为团结、富庶。事实上，公元千年之际，英格兰的繁荣与文明在欧洲北部无可匹敌。

这可以从钱币中得到证明。在所有的盎格鲁－撒克逊后期的遗址中都发掘出了硬币。这些精美的小圆片薄而光滑，由高品质的银捶打而成，握在手心里很舒服。它们比现代用机器生产出来的硬币灰暗一些，轻一些，但却充满个性。硬币同样也为理解复杂的获取和消费提供了线索，它们正是借助硬币才得以维持的。

与他的统治一样，埃塞尔雷德自己的肖像也充满了矛盾。一枚硬币上，上帝戏剧性地从云中伸下一只手，硬币上的国王看起来睿智而又圣洁，犹如一位主教。他穿着一件高及脖颈的礼服。

但是在另一枚硬币上，他戴着一顶被长矛戳破、损毁得很厉害的头盔，看起来就像是狂热版本的亚历山大大帝。他戴着凤头鹦鹉的头饰，似乎急于去征服世界。两个形象本质上都是象征性的，目的在于传达王权的理念，而非逼真地复制埃塞尔雷德的面目。它们反映了埃塞尔雷德在不同统治时期应对不断变化的挑战时，试图传达的变动的信息。

人像周围的文字可以告诉我们更多——尽管不同于现代的硬币，上面并不标注日期。（欧洲硬币上标注的已知最早时间是1234年。）硬币上的暗码告诉我们硬币是谁，以及是在哪里铸造的。由此，我们可以重建一个惊人成熟的经济和行政体系的框架。这个体系覆盖了整个英格兰。

在公元千年之际，英格兰的铸币业在整个西欧首屈一指。七十多座地方铸币厂组成的网络遍及全国。这些铸币厂要么坐落在集镇中，要么离集镇不过十来英里。因此，进出铸币厂的钱可以在白天安全地运送，而不必拖延至夜间。铸币厂可能围有栅栏，每座铸币厂由一位"铸币者"（moneyer）主持，他管理着货币的铸造。

10世纪末，在埃塞尔雷德的统治下，英格兰硬币的有效期受到限制——不会超过两到三年。期限结束后，它就不再是法定货币。如果想要兑换新币，得把旧的硬币拿到当地的铸币厂去，在那里，每返还 10 块旧币，可以获得 8 块或 9 块新币。二者之间的差价构成了一种政府税收，因此，"铸币者"成为国王卓有成效的征税者。

因为这保证人们可以获得高质量、值得信赖的硬币，人们乐意接受这种制度。当时柔软的银合金很容易修剪，所以定期发行新铸造的硬币使造假更加困难。银便士是公元千年之际英格兰的标准货币单位，它并不是纯银的，但银含量高且稳定——大约是92.5%——盎格鲁－撒克逊国王保持这个比例恒定不变。

在伦敦、温彻斯特、坎特伯雷这些大城市，外国硬币大量流入，需要熔化重铸，这里的铸币厂始终繁忙，铸币者很可能是全职的政府官员。在更加偏远的地方性铸币厂，铸币者可能是兼职的地方珠宝商或是金匠，他们获得国王的许可证铸造硬币。发行成色不足或是太轻的硬币会受到严厉惩罚："如果一名铸币者被发现有罪 [发行成色不足或是太轻的硬币]，"阿瑟尔斯坦第二法典的第 14 条写道，"他犯罪的手会被砍下来，绑在铸币厂上。"[48]

每一位铸币者都有获得过许可的模具或是盖在硬币上的印章，这是他独有的。他以此在每一枚硬币上标注个人细节。我们可以想象，铸币者坐在凳子上，捶打银合金板，直到它具有合适的厚度和贵金属含量，而模具就放在凳子旁边的木架上。然后，他把合金板切成大小相同的小方块，这些用于制作硬币的原坯比凳子上模具的外缘稍微大一些。为了制造一个便士，铸币者把原坯放在模具上，然后用锤子巧妙地捶打。这样，原坯被压进模具里，于是硬币朝下的一面就被印上了造币者的标记和地方性的细节。

为了做完一枚硬币，接下来，铸币者会把官方模具放在原坯上面，开始第二次捶打。官方的模具上刻着国王的头像和新发行硬币的独特细节。当边缘修剪整齐，一枚银便士就制作完成了。如果人们想要半个便士，他们就把硬币由中间剪开。在公元千年，半便士的的确确就是一片半圆形的灰暗银合金。

英格兰的大约七十处铸币厂每两三年就按照这样小心翼翼、颇有节制的方式手工铸造出 500 万至 1000 万枚硬币，所用银的巨大数量是欧洲任何国家都无法匹敌的。有些银是英格兰自身出产的。在德比郡、格洛斯特郡、德文郡和萨默塞特沿海平原的丘陵地区有一些小型的银矿。但是，对大量出土窖藏的现代化学分析表明，大部分矿石出自德国的银矿。近期在那里的哈茨（Harz）山脉发现了丰富的银储藏。这说明在公元千年之前的一些年里，银块大量流入英格兰——这是非常健康的贸易平衡。但是，英格兰是靠出口什么，才能产生这样的正向现金流呢？

　　我们在此进入了一个缺乏证据，因而需要求助于史学侦探工作的领域。这是因为关于公元千年前后的生活和所发生的事情，文献资料匮乏到显得悲惨——与当今哪怕最不起眼的生活细节每天也产生堆积如山的数据形成奇异的对比。比如说，公元后第二个千年尾声的性行为记录者用了 36 个纸箱的文件记录美国总统一个人的胡闹，这是所有古英语遗存的现代抄本的三十多倍。

　　如果一位历史学家试图探索公元千年之际像性行为这样私密的话题，他唯一能依靠的材料就是《圣邓斯坦生平》（*Life of St. Dunstan*）里，描述堕落的埃德威格王（King Eadwig）的几个句子。这位国王在 955 年没有出席自己的加冕礼，使国家的要人们大为愤慨。邓斯坦壮起胆子闯进国王的卧室，他发现珠光宝气的英格兰王冠被毫无敬意地扔在地上，而国王正在兴致勃勃地享受一位年轻女士的魅力。对我们来说，这位女士不啻就是白宫实习生的盎格鲁－撒克逊翻版（这里与上文"美国总统一个人的胡闹"都是指前美国总统克林顿和白宫实习生莱温斯基的性丑闻。——译者注）——而她的母亲就在同一张床上，她的身边。[49]

　　1066 年，诺曼人到达英格兰，他们最早开始清除此前英格兰强健的本土文化存在的证据。每一座盎格鲁－撒克逊教堂几乎都被彻底重建。但是，最为严重的破坏是 16 世纪亨利八世解散修道院之后的混乱所造成的。无价的古代手稿被烧毁、用作鼓面或是铺在屋顶上充当保温层。[50] 结果是,只要一个早上就能读完所有幸存的盎格鲁－撒克逊诗歌,以及我们对于公元后第一个千年中英格兰经济的了解甚至还不如对埃德威格王性生活的了解多。

1200 年以后,英格兰很显然已经成为北欧高品质羊毛的主要供应者。到 12、13 世纪,科茨沃尔德(Cotswold)的村镇、南唐斯(South Downs)和盐沼地区、东安格利亚(East Anglia)低地,以及约克郡奔宁山脉(Pennines)的坡地都已经成为遍地羊群的繁荣地带。它们是兴盛的羊毛出口业的基础,羊毛由这里出口到佛兰德斯庞大的纺织厂。后来的文献证据证明了羊毛是如何成为英格兰的财富之源,成为它的经济与文化脊梁的。在上议院议长主持会议时,他坐在铺有羊毛坐垫的席位上。短工前往本地市场,从数以千计的富裕牧羊人手中购买产品,驮马和骡队井井有条地把羊毛运送到南英格兰的港口,商人们在这里组织起利润丰厚的小船队,把成捆的羊毛送往低地国家。

但是我们只能推论说在公元千年,这些是存在的——或者已经出现了。存世文献可以证明 10 世纪存在葡萄酒、毛皮、鱼和奴隶的贸易,但却没有类似的书面文件证明英格兰出口羊毛或是粗纺毛织品。证据都是间接的,比如地名——谢佩岛(Isle of

Sheppey)、希普顿（Shipton）或是希普利（Shipley）这样的城镇的名称表明它们以养羊业维持生计。盎格鲁－撒克逊遗嘱经常讨论如何处置数以百计的羊，考古发掘中发现了羊骨、羊毛剪、纺羊毛的纺锤、绕线棒，以及所有纺织工具。

很清楚，盎格鲁－撒克逊人是养羊的，这个月的日历上的绘画也反映了这一点——长满长毛、兴高采烈的羊群在牧羊人的眼前欢腾不已，而牧羊人和它们一样感到心满意足。5 月是剪羊毛的时节，先把羊毛剪下来，然后在盆中漂洗。如果需要，人们在羊毛上稍微涂一点黄油或者猪油，以便像用梳子那样，用大蓟或起绒草分开羊毛纤维。然后纺织就开始了。[51] 纺车直到 13 世纪才在欧洲出现，但盎格鲁－撒克逊遗址中经常出土手工纺锤和织机的零件，说明纺毛线一定是很常见的家务活儿。

关于商业最好的证据是 796 年查理曼致伟大的麦西亚国王奥法（Offa）的一封信。查理曼在信中抱怨出口到法国的羊毛斗篷和毛毯跟以前的不一样大，要求奥法国王保证以后的织物跟过去的一样。[52] 这可以令人满意地证明，公元千年之前的两个世纪，英格兰织物出口到欧洲。而在那之后的一个世纪中，我们知道诺威奇（Norwich）、伊普斯威奇（Ipswich）、科尔切斯特（Colchester）、罗契斯特（Rochester）、多佛（Dover）和东南部的所有重要港口都深深卷入羊毛贸易中。因为毫无疑问，所有这些港口在公元千年都顺畅地出口某些东西，而每一艘维京长船都例行公事地携带少量粗制羊毛织物用于交易，看起来似乎有理由推测，从古英格兰这样遍地羊群的国家出发的船只从事着同样的贸易。

像阿瑟尔斯坦等先王一样，埃塞尔雷德为统一他所继承的繁盛王国而操劳。把英格兰划分为郡是 10—11 世纪王室最为持久的成就。随着市镇和村庄逐渐成形，英格兰国王围绕它们创建了行政单元——围绕威尔顿（Wilton）建立了威尔特郡（Wiltshire），围绕萨默顿（Somerton）建立了萨默塞特郡，围绕汉姆威克（Hamwic）建立了汉普郡（Hampshire），等等。汉姆威克就是现在的南安普敦。斯塔福德郡（Staffordshire）、贝德福德郡（Bedfordshire）和沃里克郡（Warwickshire）都是 10 世纪建立的。每个郡中都设立郡法庭，负责执行国王的法令。正是在埃塞尔雷德统治时期，郡行政官或是治安官作为地方政府的主要管理者进入人们的视野。在 997 年发布的法典中，埃塞尔雷德命令郡行政官和十二名本地要人发誓，不会控告无辜者或是隐藏罪犯。这是英格兰最早一次提到陪审团宣誓，它后来发展为一直延续到 1933 年的大陪审团。这种陪审团直至今日仍是美国司法程序中的重要角色。[53]

贸易、法律、行政，埃塞尔雷德在和平的艺术上展示出可观的技巧和投入。不幸的是，当又一波维京强盗出现在东方的时候，他是一个富庶而懒散的国家的国王。难以确定"维京"这个词的起源，根据一些权威的说法，这个词的意思是海上强盗，而另一些权威则认为，它的意思是海上商人。两种含义都很适用。维京人在8、9、10世纪连续不断地冲出斯堪的纳维亚半岛的浪潮反映出在他们的家乡，出现了匮乏和动乱；而轻便善战的长船技术使他们无论从事劫掠还是贸易都无可阻挡。

维京人无所不至。到公元千年，他们已经成为俄罗斯和基辅最早的王公。他们袭击西班牙，维京人的雇佣兵组成了君士坦丁堡拜占庭皇帝的瓦朗吉亚（Varangian）卫队。10世纪，他们占领了法国北部的一些地方，把自己从北欧人变成了诺曼人，并确保法国人认可了诺曼底公爵。他们定居在英格兰的丹麦区。10世纪80年代早期开始侵扰埃塞尔雷德的王国南、西海岸的袭击者，正是踏着仅仅一百年前阿尔弗雷德抗击的入侵者的脚印而来。988年，一支庞大的长船舰队溯布里斯托尔海峡而上，在沃切特（Watchet）登陆，从萨默塞特肆无忌惮地一直劫掠到多佛。

因为能够在诺曼底的港口下锚休整，维京人变得更有活力，更有组织。他们在诺曼底的亲戚此时讲法语，信奉基督教。10

世纪 90 年代早期，教皇谴责诺曼底公爵理查（Duke Richard of Normandy），说他不该为英格兰邻居的敌人提供便利，理查同意不再给驶向英格兰的长船提供庇护。埃塞尔雷德和理查签署了条约，约束双方都不容纳对方的敌人。这是英格兰和诺曼底之间的关系的第一步，这将给两个国家都带来深远的影响。但是，没有证据说明诺曼人努力执行条约，到达海峡北岸的维京人仍络绎不绝。

991 年夏天，93 艘长船组成的舰队驶入泰晤士河河口，掠夺东安格利亚和肯特海岸上的口岸和村庄。大多数社区以高昂的赎金打发了袭击者，但埃塞克斯人在自负的白发领袖布莱特诺斯（Byrhtnoth）的带领下，在莫尔登（Maldon）港外集合起来。维京人在一座小岛上登陆，这座小岛与大陆之间有堤道相连，但堤道只有在落潮时才能看到。英格兰人本可以在他们试图登上大陆时半渡而击，但布莱特诺斯过于自信，高尚地答应维京人上岸列阵完毕后再开战。英格兰人战败，遭到了可怕的屠杀，这是最早的英格兰人在战场上"公平竞赛"（fair play）的记录。

这是《轻骑兵冲锋》（Charge of the Light Brigade）（维多利亚时期的诗人阿尔弗雷德·丁尼生 [Alfred Tennyson] 创作的诗歌，以纪念英国骑兵在克里米亚战争中的英勇。英国轻骑兵在巴拉克拉瓦战役中手持长矛向列阵以待的俄军冲锋，损失惨重而毫无意义。——译者注）那样一系列绅士的错误中的第一例，布莱特诺斯毫无用处的勇敢很快也被用类似的英雄史诗来纪念。"莫尔登之战"是公元千年之际最流行的话题，令人悲伤，然而却轰动一时。人们用诗歌加以吟唱，在冬日的长夜中反复诵读。它把这位在维京敌人面前"挥舞尘封的细矛"的老将军塑造为一位民间英雄：

> 尽管岁月使我苍老，我不会逃避，
>
> 我与所爱不会分离，
>
> 我主的右手把我放下……
>
> 拿走英格兰人的财富可没那么容易。[54]

英格兰急于神化一位失败者，反映出在公元后第一个千年的尾声，他们在赶走维京人这件棘手的事情中令人伤心地缺少一位本土成长的赢家。维京人的袭击成为整个国家的创伤，尤其是对住在海岸附近的人们来说更是如此。每个夏天都可以预料到，维京人的龙船将会蜿蜒逆流而上，每艘船上乘载着不下三十名贪婪的暴徒。

考古遗存中没有证据表明维京人戴着可怖的牛角头盔，看起来这只是之后几代人的想象。但挖掘出土的剑、矛和战斧都是残忍而制作精良的武器。维京人显然是最新的金属冶炼技术的大师，他们的战术就像传说中一样嗜血。他们追逐黄金、白银和其他易于携带的战利品，同时也捕捉奴隶。健康的男青年和适婚的女青年在都柏林的奴隶市场上可以卖出最高的价格，而袭击者毫不留情地屠杀那些没有买卖价值的人——老人和小孩。

"英格兰已经有很长时间完全没有赢得过胜利了，"伍尔夫斯坦大主教哀叹道，"上帝的愤怒带来了太多的恐慌，海盗们在上帝的许可下如此强大，在战斗中以一当十……经常有十个或是十二个强盗，一个接一个地，可耻地侮辱领主的妻子，有时候还侮辱他的女亲戚。而这个领主，以前始终觉得自己骄傲而且强大，只能在旁边看着。"[55]

埃塞尔雷德国王对付这种持续削弱王国的挑战的办法是，试图用钱赶走袭击者。要么是付钱让他们离开，实际上就是缴纳保护费；要么就是有时候雇用成群结伙的袭击者，就像使用雇佣兵那样，让他们抵抗自己的同胞。缴纳的费用以"丹麦金"（Danegeld）之名广为人知。现代考古学家在丹麦、挪威、瑞典发掘出许多带有埃塞尔雷德头像的硬币。袭击者带着保护费回到那里，挖坑把它们"存起来"。

埃塞尔雷德的政策确有先例。876 年，阿尔弗雷德付钱让丹麦人离开韦塞克斯。但阿尔弗雷德利用买来的时间组织起防卫，而埃塞尔雷德则缺乏他这位著名祖先的勇气和军事才能。莫尔登战役之后，他同意向维京人支付价值两万镑的金银，袭击者如约离开了。但是他们在后面几年持续回到英格兰，毁坏、掠夺数月之久，直到勒索到新的贡物——而事实证明，埃塞尔雷德无法在战斗中击败他们。

《盎格鲁－撒克逊编年史》这一部分的作者毫不掩饰对于国王军事无能的厌恶："当他们在东部，英格兰军队被留在西部；当他们到了南面，我们的军队却在北面。"国王召集顾问，研究新的策略，"但是如果说有什么决定的话，它也不会持续哪怕一个月。最后，没有任何领导者会召集一支军队，而是逃得越快越好。到最后，各郡都自扫门前雪"。[56]

袭击者追求的不仅限于偶然的战利品，这使埃塞尔雷德的难题更加复杂。994 年以后，一些最高效的战争团伙是由丹麦国王八字胡斯韦恩（Sweyn Forkbeard）领导的，他抱有领土野心。在一种意义上说，埃塞尔雷德支付丹麦金是虚弱的标志，从《盎格鲁－撒克逊编年史》嘲弄的笔触开始，大多数历史学家都是这么认为的。但盎格鲁－撒克逊国王在常规基础上筹集一大笔钱的能力则展示了一个繁荣的国家和一部卓有成效的行政管理机器，这是丹麦国王所欣赏的。

从 994 年到 1000 年，以及接下来的十几年中，斯韦恩的军队不断返回英格兰，每一次的远征都比上一次组织得更好。他现在的目标是完全的征服。当老丹麦区的居民看到失策者埃塞尔雷德和挥师而来的果断的维京国王之间的对比，埃塞克斯、东安格利亚和东北地区开始转而效忠于斯韦恩。用现代的语言说，维京龙船的袭击神出鬼没，带着战利品迅速从视野中消失，就像许多外星飞船的降落，无法预测，无从阻止。

埃塞尔雷德从各个角度做出努力。1002 年，他决定与诺曼底公爵的妹妹艾玛（Emma）联姻，希望能够获得诺曼底一方更多的实际帮助。他号召全国斋戒，以乞求神圣干预。1008 年，他召集了英格兰有史以来最大的一支海军，但这支海军叛变，在兵变中作鸟兽散。在国内，他把自己上一次婚姻生育的两个女儿嫁给诺森布里亚和东安格利亚的要人，希望能够钳制丹麦国王斯韦恩在那里获得的不断增长的支持。

所有一切都徒劳无功。1013 年夏天，斯韦恩在林齐的盖恩斯伯勒（Gainsborough in Lindsey）登陆，这里距离特伦托河河口 20 英里。英格兰的所有丹麦人地区立刻把他视为国王。斯韦恩向南进军，牛津和温彻斯特望风而降。当西部的要人宣布向他效忠，最后的抵抗中心伦敦的居民也投降了。外来的国王掌握了权力，埃塞尔雷德流亡诺曼底。

英格兰国王斯韦恩一世没有多少时间享受胜利的果实。他在1014年年初去世，他的儿子克努特（Canute）继位。尽管斯韦恩的去世使埃塞尔雷德得以恢复部分失地，这位闷闷不乐的失策者在1016年去世，他的儿子埃德蒙（Edmund）在这一年晚些时候继之而亡。年轻的克努特成为英格兰毫无争议的国王，事实证明，他坚定而高效。在一则著名的传奇中，这位新国王把自己的王座放在海浪涌来的路上。如果这个传说是真的，看起来克努特这么做并不是想要海浪因敬畏王权而止步，反倒是想要证明恰恰相反的事情：尘世间的权力是有限的。（在这个传说中，有一个大臣谄媚地说即使大海也会听从克努特的命令，于是克努特叫人把王座放在海边，命令海水不得打湿椅子，结果当然无效。于是克努特斥责了谄媚的大臣。——译者注）

克努特去世于1035年。每个人都知道，31年之后，征服者威廉（William the Conqueror）和定居诺曼底的斯堪的纳维亚劫掠者后裔决定性地入侵英格兰。人们通常认为，1066年的入侵是由法国人发动的。这样说当然没错，但是它的根源和自身的形象都可

以追溯到维京人。所以，当公元千年前后的时光见证了盎格鲁 –
撒克逊文明之花的盛放，粗暴而赤裸裸的力量也在这些岁月中刻
下了疤痕。这力量将导致盎格鲁 – 撒克逊文明之花的枯萎。

6月

市镇生活

耕地、草场、林地——在公元千年，人们把森林当作田地一样加以耕作。木材是那个时代的燃料，也是最主要的建筑材料，无论添置还是修理家什，都有赖于它。严格来说，第一个千年属于铁器时代，然而当谈到日常生活，它更应该是一个木头的时代。

"我为你们所有人建造房屋、制作器皿和船只，你们当中有哪一个没有用过我制造的东西吗？"埃尔弗里克的《谈话》（*Colloquy*）中的木匠夸口道。[57]

据说，罗马人羡慕古代不列颠的凯尔特木工制作的双轮车，它们精巧而结实——与本月的日历上描绘的双轮车相差不远。罗马人称之为"carpetum"，而那些擅长制造这样的车辆或者使用这些车辆运送的木材的人则被称为木匠。据说这就是木匠（carpenter）一词的来源。[58]

人们使用木质的餐具。盎格鲁－撒克逊时代的出土物中，木质的浅盘比陶制的碟子更多。人们使用梣木或桤木的杯子。这些杯子是在脚踏车床上制造出来的。在木匠头顶的木棍上系一条皮带，皮带卷绕过车床，然后连接到下方的脚踏板。只要把皮带紧紧地缠在车床上再用力踩踏板，木匠们就能使木工活计顺时针或者逆时针旋转起来。这是一种简单而有效的自力技术，直到二战前夕仍在英格兰的木匠作坊中使用。

森林是古代林中精灵的神秘家园。人们在这里捡拾柴火，落叶则是牲畜们冬季里温暖的床，炭坑为铁匠们烧制高能量的燃料。当维京人到来时，森林是人们的隐蔽所；在饥荒中，它是最后的食物来源。但在公元千年，最重要的是，林地中经过培育的矮树丛为乡间雨后春笋般的城镇提供了木材。

罗马人对不列颠的占领以若干守卫森严、讲究的城市社区为基础，它们是城镇，但同样也是度假胜地和军营。居住在城市，或者说 civitas 中，是罗马文明的特质所在；而那些臣服于罗马的野蛮人并非城市居民，从这点上来看，他们确实是"不文明的"（uncivilised）。盎格鲁－撒克逊人只接管了如伦敦、巴斯、塞伦塞斯特（Cirencester）和林肯等一些罗马据点。他们更偏爱的居住单元是村庄，直到阿尔弗雷德国王在位时期，农村在英格兰仍然居于主导地位。此时维京人的威胁促使阿尔弗雷德修建了纵横交织、有防御设施的定居点。它们被称作"burhs"，就是现代borough（自治市镇、城市行政区）一词的词根。

在盎格鲁－撒克逊时代城市的经典定义中，它有用于防御的围墙或是栅栏、铸币厂和一处市场。阿尔弗雷德的一些 burhs 是重新堡垒化的旧居民点；其他的则是新建立的堡垒，它们后来发展成为羽翼丰满的城镇。其中一例就是牛津。根据同时代的证据判断，它在阿尔弗雷德统治时期并无特殊之处，但到公元千年，却发展得非常迅速。阿宾顿（Abingdon）修道院 10 世纪的记录中描述了牛津的居民是怎样集资，以便在泰晤士河附近修建运河和开掘新水道的。这是为了让船只能够更方便地逆流而上，与那里的市镇做生意。

货币，以及可信赖的流通硬币数量的增加，为这些市镇从阿尔弗雷德的军事中心成长为市集提供了至关重要的条件。沃里克（Warwick）、斯塔福特（Stafford）、白金汉（Buckingham）、牛津——现代英格兰的大部分乡村城镇起源于 10 世纪。到公元千年，差不多有 10% 的英格兰人口居住在城镇中。这意味着农业生产的效率已经发展到能够提供 10% 的盈余产品，而城镇居民则生产出足够的利润，用来购买食物和其他需要的东西。

阿尔弗雷德的继承人对货币经济的发展既恐惧又贪婪，试图为日益壮大的城市经济制定规则，并从中分一杯羹：

　　我，阿瑟尔斯坦（Athelstan）国王，在我的沃尔夫海姆（Wulfhelm）大主教和其他主教的建议下 [执行了 930 年左右的一条法令]，通知每个区里的行政官，以上帝和每一位圣徒的名义恳求你们，以我的友谊命令你们……任何人不得在城镇外面购买价值超过 20 便士的货物；他可以在城镇之中，在市场官员或其他值得信任的人在场的情况下购买，或者，在行政官的监督下在公开集会上购买。[59]

　　这一规定说明，在盎格鲁－撒克逊时代的英格兰，地下经济繁荣发展。商人们在国王的行政官员目光不及之处，避开了捐税的征收。而在接下来几代人的时间里，都没有见到这些法律的踪影，说明王室放弃了监管商业的企图。自由企业获得了胜利，商业相应繁荣起来。在公元千年，英格兰首要的盐业城市是伍斯特（Worcester）附近的德罗伊特威奇（Droitwich）。这里有大量自然涌出的卤水，当地人建造了盐田和煎锅，大获其利。盎格鲁－撒克逊人的遗嘱显示，远至牛津郡和白金汉郡的地主投资了德罗伊特威奇的盐田。而威斯敏斯特、考文垂甚至巴黎的教堂记录说明，那里的人也把德罗伊特威奇的盐田和煎锅纳入自己的投资组合中。[60]

温彻斯特镇的文件可以说明，在这些年中，外来投资如何提升了城市土地的价值。975 年，奥尔特敏斯特（Old Minster）的僧侣们用一大片实物地租颇丰的乡村地产换取了城市中仅仅两英亩的土地。而其他地区的 10 世纪遗嘱和特许状显示，诸如切斯特（Chester）这样的市镇中的教堂拥有大量地产。巴金（Barking）的女修道院院长在伦敦拥有至少 28 栋住宅。布里斯托尔郊区比舍波斯沃斯（Bishopsworth）庄园一位姓埃尔加（Elfgar）的人在邻近的那座城市里有 10 栋房子。可以设想，这种对于房产的大量投资，既可以是为了出租，也可以是为了出售，我们可以认定，英格兰出现了最早的房地产开发商。[61]

城镇有规划者。阿尔弗雷德的 burhs 被划分为非常工整的格子，经常呈方形，街道之间的距离相等。它们的设计者显然做过调查，在一份关于温彻斯特市集日的文件中，这一点显示得非常清楚。放牧牛群的地点是主街到附近的雀鳝街，现代考古发掘在这里发现了牲畜的围栏、牧童玩跨栏游戏时的栏架、羊和牛的粪便。牲畜们的下一站是肉贩街，这里后来被称为羊皮纸街。商人们在此屠牛宰羊，这里也是他们居住的地方。附近则是鞣皮工街，牛皮在这里被制成皮革；以及制盾工街，手艺人在这里把鞣好的皮革安装到柳条板或圆木板上。

　　我们可以想见这一系列繁忙的业务在城镇的商业区中逐渐成形，而在教堂那边，数以百计的朝圣者来此朝拜圣斯威森（St. Swithin）的遗物。市镇记录中记载了一位制袜人、一位鞋匠、一位做肥皂的工匠来访并兜售物品，以及发财的居民在会堂里聚饮——市民宴会的早期证据。[62]温彻斯特的市民看起来生性乐观。城镇生活的发展将会加速姓氏的发展，它们和街道的名称一样，经常以生意和职业为基础——坦纳（Tanner，鞣皮工）、威沃（Weaver，织布工）、卡朋特（Carpenter，木匠），等等。但同时，温彻斯特开朗的居民喜欢用充满感情或是嘲弄的外号区分彼此：老实人、新朋友、软面包、脏胡子、要钱鬼、守财奴和便士羽毛。[63]

　　贸易是城镇的生命。到公元千年，英格兰的商人已经经营来自远方异国的货物好长一段时间了。735 年，尊者比德在弥留之际打算把自己的"财宝"分给同伴僧侣们，他首先提到的就是胡椒。[64]胡椒生长在东印度，由骡队和船只经过数万英里的旅途运抵巴格达和地中海。英格兰商人可能是在意大利北部的市镇帕维亚（Pavia）——伦巴第的古代首都，装载上比德的胡椒。帕维亚是西北欧和东方之间贸易的伟大中心，当时的记载生动地描述了城郊提契诺河（Ticino）河畔搭起的商人们的帐篷。商人们中最为出众的就是盎格鲁－撒克逊氏族的人们，他们为了购买丝绸、香料、象牙、金艺品和宝石，与来自威尼斯、意大利南部港口阿玛尔菲（Amalfi）和萨勒诺（Salerno）的商人讨价还价。[65]

对英格兰人来说，南下莱茵兰、穿越阿尔卑斯山山口的旅途颇为艰难。所以并不奇怪，当他们到达目的地时心情不悦。一份11世纪早期的文件记载，当帕维亚的海关人员翻开他们的包裹、行李时，英格兰人大为恼火，而且变得暴力。随后，伦巴第和英格兰的国王讨论了英格兰人在他国的流氓行径。双方同意，英格兰商人在帕维亚做生意时免交通行税和交易税，每三年集体缴纳一次税款。

这是英格兰历史上最早的详细商业条约，据此，英格兰人每三年购买一次交易许可，价格是五十磅纯银、两只带着镀金雕花项圈的灵缇犬、两面盾牌和两只长矛。有一个附加条款，推测是为了遏制地方勒索和盗窃，它规定管理市场的帕维亚官员在交易中可以得到两件皮衣和两磅纯银。

与海关人员保持一致很重要。早些年，一位使节，克雷莫纳的琉特普兰德主教（Bishop Liudprand of Cremona）在返回意大利时被希腊海关人员拦住，他们在他的包裹中发现了几匹紫色的丝绸——著名的拜占庭衣料中最好的一种。琉特普兰德抱怨说他以前曾经购买过紫色的丝绸，但毫无作用。海关人员告诉他说："那时候的统治者管理疏忽。"他又宣称拜占庭皇帝给了他特别许可。海关人员说："皇帝说的肯定是另一回事。这种事是被禁止的。这种独特的服饰只能属于财富和智慧都出类拔萃的民族。"

琉特普兰德气得难以自持。"在意大利,"他反驳说,"最低贱的妓女和算卦的穿这种颜色。"他把整个事件报告给他的主人:

> 所以,您看,他们觉得……所有其他民族都没有资格穿这样的衣服。这些怯懦的、女人似的、长袖子的、戴珠宝和穿睡袍的骗子、太监、懒汉可以穿紫色,而我们的英雄、强壮的战士、虔诚而善良的人、上帝的仆人、具备所有美德的人却不能,难道这不是一桩奇事和侮辱吗?! [66]

埃尔弗里克的"商人"(显然是埃尔弗里克的《谈话》里庄稼稼人、渔夫、木匠之外的又一个虚拟角色。——译者注)显然找到了绕过这些难题的方法。当被问到他经常带哪些货物到英格兰时,他在清单的开头写道,"紫色的织物和紫色的丝绸",接下来是"珍贵的珠宝和黄金,罕见的衣物和香料,酒和油,象牙和青铜器,铜和锡,硫磺和玻璃,还有许多类似的东西"。

"你想在这里按照原价卖掉这些货物吗?"主人问道。

"我不愿意这样。"商人回答说，理直气壮地表达自己谋利的动机。"那样的话我的辛苦还有什么好处？我想卖个高价，能赚些钱，这样我就能养活自己和妻儿……我把货物装上船，驶向大海，售出货物，再购买这个国家没有的东西。我在海上冒着巨大的危险把它们带回到您这里。有时候，我遭遇海难，损失了所有货物，九死一生。"[67]

能够流畅地用拉丁文读出这段对话的年轻僧侣，可能已经很好地掌握了这种语言——更不用说基本的商业理论、农业组织和当前时事了。埃尔弗里克揶揄古怪的文字补充了《儒略工作历》上的绘画，为我们提供了对于公元千年之际英格兰日常生活最富洞见的看法，甚至包括它善于航海的性格。维京人的船队可能轻松挫败了埃塞尔雷德进行海上防卫的尝试，但很显然，有些英格兰人认为自己继承了海洋上的遗产。埃塞尔雷德统治末期，埃尔弗里克怀念地回望过去的岁月。那时候，"除了这片土地上的自己人，从来没有听说过其他的舰队"。[68]

英格兰的大量港口是这份遗产的证物。port（港口）一词最初源自盎格鲁－撒克逊人，意思是"市场"。港口行政官管理"市场"，而郡行政官管理各郡。但到 10 世纪，这个词也带有了现代含义，即位于海港中的贸易地点。从伊普斯威奇（Ipswich）向南到伦敦以及南部海岸的一系列英格兰港口令人印象深刻。这些商业中心的数量远远超过了对岸低地国家和法国北部的港口数量，而它们属于这个国家成长最快的社区之列。

这说明，在公元千年之际，经由水路旅行或是运输货物比经由陆路容易得多。直到 18 世纪，欧洲工程师建造的公路才能够与罗马人高效调动军团时使用的道路相提并论。数以百计的木帆船和摇橹船在中世纪英格兰纵横交织的通航水道上往来如梭，可以到达内陆非常远的地方，令人惊讶。宏大的王室居所都建立在水面上，或者在水畔。在成为大学城之前，牛津和剑桥都是港口。埃克塞特、伍斯特、诺威奇和斯坦福德也都得益于河流交通而兴盛起来。

小型船只在英格兰城镇之间往来，络绎不绝；但在远海，它们就不太适用了。埃尔弗里克的"商人"说到海难的风险，他并不是夸张。没有什么可以不劳而获。如果能够平安无事地走完多佛和加来（Calais）之间的狭窄水道，那可真要感谢上帝。对于阿瑟尔斯坦的军队向北开进，与苏格兰人交战的描述说，船只与士兵夹着海岸相继而行——海军在陆地可见的视野中相当安全，只要能够避免，船只很少在远海过夜。海上航行的大师维京人能够在船上搭起帐篷，在漫长的远洋征程中彻夜航行，甚至是他们，只要有可能，也会在入夜后登陆。在海滩上或林木的遮蔽下燃起篝火，准备晚饭，这比在海上要安全得多。[69]

海战总是在陆地可见的视野内展开。在远海交战需要侦察，而直到亨利五世时期才开始尝试这样做。中世纪的船只没有大炮或是导弹，所以战斗总是在受到掩护的近岸水面展开，是以刀互斫的肉搏战。阿尔弗雷德国王对于维京威胁的部分回应是建立一种征收制度，即某些城镇和地区要负责建造战船，并为之提供士兵。它们相当于带有防御措施的定居点（burhs），只不过是在海上。《盎格鲁－撒克逊编年史》甚至认为是阿尔弗雷德设计了一种新的船只，用来对付维京人。如果它与 9、10 世纪正在折磨英格兰的斯堪的纳维亚长船类似，那么可能有 80 英尺长、15 英尺宽，比哥伦布 1492 年穿越大西洋的圣玛利亚号稍微窄一点，长一点。圣玛丽亚号有 75 英尺长。

在持续多年的历史论争之后，我们现在可以确认，公元千年前后的某个夏天，一艘斯堪的纳维亚长船早于哥伦布几乎五个世纪抵达新世界，在加拿大登陆。挪威水手持续数代沿着大西洋北缘缓缓向西推进，从设得兰群岛（Shetland）到法罗群岛（Faroe Island），然后到冰岛（Iceland），跳跃前行。他们的目的是寻找牧场和木材，探险家们在 10 世纪 80 年代到达格陵兰（Greenland）。

因为看到北冰洋海浪带来的浮木，他们继续向西前进。旅行者也有可能是跟着鳕鱼前进，因为在船首风干鳕鱼的技术似乎为北欧人提供了营养，使他们能够绕过巴芬岛（Baffin Island）和拉布拉多（Labrador）海岸，最终到达纽芬兰（Newfoundland）。他们把纽芬兰称为文兰（Vinland），按照他们返回故乡后所吹嘘的，这是因为他们发现那里有葡萄生长（Vinland 的意思是"葡萄之地"。——译者注）。

在这种美妙的描述中，新世界温暖而丰产。这是历史学家对于后来冰岛人的说法——一位叫利夫·埃里克松（Lief Eriksson）的人在公元千年前后到达大西洋彼岸——在很多年中抱有怀疑的部分原因。但是，1961 年到 1968 年在兰塞奥兹牧草地（L'Anse-aux-Meadows）的考古发掘中发现了用于做饭的灶坑、船库、金属饰物、八九处具有明确斯堪的纳维亚起源的房屋，以及种植葡萄的证据。遗址的时间被确定为公元千年前后，证明当时的木匠确实有可能把数千块木头钉紧、接合、捆绑在一起，使之足够结实和富有弹性，能够载人穿越大西洋的惊涛骇浪。这也说明公元后第一个千年的人们或许并非后世所认为的那样对于地理懵懂无知。

18 世纪理性时代的某些思想家瞧不起中世纪，认为那是一个原始而倒退的时代，那时人们相信世界是平的，离开欧洲太远可能会面临从世界边缘掉下去的风险。但是在一部阿尔弗雷德国王委托，甚至可能是他亲自操刀的经典著作的翻译本中，他对于太阳系的解释使用了毫不含糊的描绘球形的术语，他把大地比作"鸡蛋中间的蛋黄，在鸡蛋[蛋壳以内]来回移动。与此相似，世界保持静止不动。外面的水、天空、星星和明亮的外壳每天绕着它转动——长久以来一直如此！"[70]

阿尔弗雷德相信天空、星星和"明亮的外壳"绕着大地移动，这明显是一种误解。直到文艺复兴中哥白尼和伽利略的著名观测才纠正了这一误解。但是旋转的天空这一看法支持大地是球形的，而且阿尔弗雷德很显然是在用三维的术语进行思考。当查理曼和当时的其他皇帝试图展示他们在尘世中的权力，他们把手放在权球之上。尊者比德把大地比作"男孩们手中玩弄的球"。当公元千年的水手站在船头，眺望视野消失处的曲线——无论从左到右还是从近到远，它都是弯曲的——他们得出了显而易见的结论。按照利夫·埃里克松的判断，他们一点也不怕从世界的边缘掉下去。

7月

饥饿的间隙

　　在公元千年，7 月是属于干草的月份。这是一年中第一次大规模收获，人们在这个月始终担心天气，他们得及时收割青草，把它晾干，免得被雨水糟蹋——这一切都是为了喂养牲畜。盛夏时并不收获人的食物，干草是为牲畜过冬准备的饲料。所以，当做完制备干草的辛苦活，中世纪的农夫发现自己面临着一段更加难熬的日子，事实上 7 月是一年中最艰难的一个月，因为春天播种的作物此时还没有成熟。这个月谷仓里的粮食是一年中最少的，粮桶可能已经空空如也。在 8 月的收获前夕，人们发现自己在一年中最为芳香四溢的月份里挨饿，令人烦躁不已。7 月出现了另外一个现代西方人感到陌生的现象——"饥饿的间隙"[71]。

　　在中世纪晚期的本土寓言《农夫皮尔斯》(*Piers Plowman*)中，我们可以看到，7 月是穷与富的差别最为明显的月份。富人的谷仓里仍有粮食可以过活，他们也付得起因为存量减少而上涨的粮价。谷物和面包的价格可能飞涨到骇人的程度。这种匮乏使 7 月份的穷人真正感受到贫穷的意味。在寓言中，皮尔斯睡着以后，"忍耐"(Patience)在梦里来到他的身边，给他看穷人为渡过盛夏的炼狱所遭受的苦难——他们把最最粗糙的麦麸，甚至干瘪了的豌豆和蚕豆碾碎，做成面包。

佛兰德斯画家老彼得·勃鲁盖尔（Pieter Breughel the Elder）是另一位以嘲讽的态度看待农民生活的观察者，他关于狂热乡村庆典的著名画作描绘的也是盛夏时节的情景。勃鲁盖尔描绘了在中世纪尾声，沉浸于集体歇斯底里的乡下人，而历史叙事对于乡村狂热的解释说，穷人在饥饿的间隙的糟糕饮食导致他们精神错乱。因为缺少顶饿的食物，人们头昏眼花；现代化学证明，发霉的黑麦上会生出麦角，这是麦角酸（LSD）的来源之一，而麦角酸在20世纪60年代被用作迷幻剂。

随着夏季的脚步向前迈进，存粮越来越少。人们把灌木篱墙上长出的香草和野谷掺进面粉里，导致飘飘然的感觉更加强烈。他们把罂粟、大麻、毒麦打扫出来，晾干，碾碎，做成一种拼凑的布朗尼蛋糕似的中世纪"疯狂面包"。所以，尽管忍饥挨饿，有可能食物给穷人提供了一个奇异的、人造的天堂。一位现代史学家说："好像整个村子都中了魔法。"[72] 公元千年前后，没有别的什么可以与"异常催眠的眩晕"这样的描述相提并论了。这种眩晕可以被解释为致幻剂的效果。但是谁知道呢？公元千年的穷人有意无意间高兴得神游天外，所感受到的快乐与富人在富丽堂皇的厅堂中大宴宾朋不相上下，——这样想也不错。

公元千年的社会理论把人们分为劳作者（农民、商人和手艺人）、战士和执法者（国王和贵族），以及祈祷者。就像今天一样，最后一类人显然包括有责任为俗人提供宗教服务的社区神父。但是在中世纪，有一群人数更多，除了祈祷以外什么也不干的神职人员——那些把生命献给上帝，去修道院里居住的男女。在公元千年，有三十多所修道院星星点点地分布在从北方的卡莱尔（Carlisle）向南到康沃尔圣日耳曼（St. German's in Cornwall）的英格兰乡村，它们是本地的经济中心。[73] 修道院雇用当地人耕种田地，但是按照圣本笃（St. Benedict）在 6 世纪确定的原则，社会活动与精神虔修都是修道院生活的精华，不可偏废，所以僧侣自己也承担了某些农活。在意大利南部的卡西诺山（Monte Cassino），为了使身边的僧众有所依循，生活有序，圣本笃制定了会规，它后来成为整个基督教世界遵循的典范。

597 年，本笃会僧侣把"上帝"这个词带到了英格兰。他们在坎特伯雷、罗契斯特、温彻斯特、伍斯特管理着宏大的天主教堂。每座大教堂附近都环绕着宗教园区，其间散布着宿舍、食堂、图书馆、礼堂等神圣的建筑。他们令人难以忘怀的素歌定下了宗教仪式的基调，呼应着唱诗班的吟唱，于上帝在英格兰的主要居所久久回荡，绕梁不绝。

圣歌是公元千年之际英格兰宗教热诚的心跳节奏。人们以圣歌直接与上帝交谈，或者间接地通过圣母玛利亚或某位圣徒的倾听与上帝交谈。它的节奏之美是崇敬的体现，同时也是为了吸引神圣的聆听者。当一位僧侣发出自己的乐声，他觉得是在为光荣之日排演。到时候，他将会作为天堂里天使合唱团的一员，在上帝面前高声吟唱。

吟唱祷文是使基督王国团结一致的力量之一。今天所吟唱的祷文通常是指格列高利圣咏（Gregorian chant），因为它是由大格列高利教皇（Pope Gregory the Great）发展而来。正是大格列高利向英格兰派出了传教士。人们可以想象，善良的教皇在奥古斯丁及其同伴把自己奉献给远赴东北诸岛的使命之际，与他们一起唱起了圣咏。但是没有证据说明格列高利自己与收集这些令人着迷的旋律有什么特别的关系，它们来源于希伯来赞美诗，而为最早的基督徒借用和改编。圣咏是由第一个千年中不可计数的教堂中的男男女女实践、润色而成，他们的生命因这些鼓舞人心、超越凡俗的声音而获得意义。

圣咏使人们的精神获得提升，事实证明，它在物质上也有同样的作用。公元千年之后的数十年中，修道院医院的数量迅速增加。它们是现代意义上的医疗机构，也为老人和垂死之人提供庇护所，为旅人和朝圣者提供住处。"像招待基督本人一样招待来到修道院的客人，"圣本笃写道，"因为基督会说：'我是个陌生人，请让我进来。'"[74] 许多这样的医院建在具有象征意义的通衢大道，在桥边或者河边，或是行人很多的道路旁。它们可以为病人提供休憩或隐居之所，甚至提供简单的草药，但诊疗药方中的主要成分却是与早期弥撒的共鸣和圣咏那感人至深的旋律。

僧侣们在深夜起床，进行第一次祈祷。选择修道院生活意味着永远告别整夜的睡眠，因为午夜之后两小时恰是夜间功课的时间。许多修道院建筑都有从宿舍直接通往小礼拜堂的楼梯，以此来减轻在冬天寒冷而黑暗的夜晚从睡梦中醒来去做祈祷的痛苦。后半夜的这次仪式被称为晨祷（Matins），然后僧侣们回到床上，再睡三个小时，他们在6：00正式起床做第一次日课（Prime）。其他五次日课是第三课（Tierce）、第六课（Sext）、第九课（None）、晚祷（Vespers）和夜课（Compline）。（这里把早晨六点视为一天的开始，"第三课"开始于一天的第三个小时，也就是上午九点，第六课是在中午十二点，第九课是在下午三点，晚祷则在日落时分。——译者注）据说夜课冬天在下午7：00开始，夏天则在8：00开始，其后所有人直接就寝。

在修道院的生活中，学习与沉思是两次祈祷之间的主要内容。在每个食堂里，都有一个讲道坛或是诵经台，当僧侣们默默不语地进食的时候，有一名僧侣站在上面为大家诵读。当时的一份文献列出了僧侣们如何不出声地使用信号和手语进行交流。圣本笃在他的会规中坚持认为，僧侣们无论日夜，说话越少越好。但是他也下令说，他们可以使用手势交谈。这些手势的细节被记载在坎特伯雷大教堂一份关于盎格鲁－撒克逊修道院手语的册子中，流传至今。

几乎可以肯定，这份手稿与《儒略工作历》是在坎特伯雷大教堂的同一间抄写室完成的，时间也相差无几。它不仅为了解僧侣的生活提供了丰富的洞见，对于了解公元千年之际日常生活实况的细节也同样如此。[75] 你想喝点酒吗？"那么用两根手指做出拧开木桶龙头的样子。"把黄油递过来？"用三根手指敲打掌心。"或许想要一点胡椒？"用一根食指敲打另一根。"要点盐？"把三根手指捏到一起摇晃手掌，就好像往什么东西上撒盐一样。"阅读《修道院手势》（*Monasteriales Indicia*）列出的 127 种不同手势，你会觉得本笃会修道院的食堂就像是一个篮球教练员的聚会，每个人都在使劲儿招手、捏耳垂、意味深长地在鼻子旁边上下摩擦手指，以及用手抚摸自己的胃。

　　我们也从中了解到修道院内部的等级制度。表示院长的手势是把两根手指放到头顶，捏住一撮头发，好像使劲儿把前额的头发向前拉——这或许是因为，在削发的区域下面，僧侣们的头发都长得很长。（中世纪的修道士需要削发，以此象征奉献和谦卑，以及放弃世俗生活的志向。天主教修士的发式是在头顶剃光圆形的一片，保留四周的头发，称为"圣保罗式"。——译者注）而修士长或财务长则以在头顶举起一根食指来表示，这是牛的标志，因为他们负责提供此类物品；而转动手和手腕则表示酒窖的管理者，这是模仿他们用钥匙开门的动作。表示"男孩们的管理者"的手势（把两根手指放在眼睛上，举起小手指）则提醒我们，修道院也是教育机构。它们是公元千年之际英格兰唯一的学校。同时，这也告诉我们，同事们是怎么样说起博学幽默的塞那阿巴斯的埃尔弗里克的。而第四十七、四十八种手势则提醒我们埃尔弗里克是怎样在课堂上维持纪律的，这两个手势的意思是让人把藤条或鞭子——九尾鞭（cat o'nine tail）（是一种多股的软鞭，也叫九尾猫，是一种重体罚工具。——译者注）——拿来。这与圣本笃的教诲相符："让修道院长用殴打或是体罚来管教那些行为不好的、顽固的、骄傲的，或是不服从管教的。"

　　不少于六种表示不同种类的蜡烛、烛芯、灯芯、灯笼和台灯的手势见证了一个只能用火光照明的世界。表示床罩和枕头的手势（"敲打左手中羽毛的记号"）说明僧侣们在两次祈祷之间可以睡得很舒服，第九十一和第九十二种手势清楚地说明弟兄们半夜起来去小教堂祈祷的时候会穿好拖鞋和袜子。第一百零二种手势（"用双手敲打大腿上部"）说明，弟兄们在本笃会的黑色长袍下面穿着衬裤。

　　在手册结尾，有两个涉及国王及其妻子的手势。10 世纪的僧侣被教导如何举手过头，张开五个手指，模拟出王冠的形状（第一百一十八种——国王），或是用手绕着圈轻触头皮，然后轻轻拍头（第一百一十九种——王后）。这看起来有点奇怪。但是这些世俗的符号有助于解释为什么公元千年的英格兰修道院如此健全。圣奥古斯丁和他的继承者们在 7 世纪培育的整整一代修道院定居点被维京人的攻击彻底抹去。9 世纪 90 年代，阿尔弗雷德国王遏制了维京人的进攻，扭转了局面；直到 10 世纪，修道院制度才获得重生。重生之所以能够实现，得益于教会与王权的联盟。其象征性的事件就是 973 年埃德加国王（King Edgar）加冕仪式中庄严肃穆的受膏礼。这是全英格兰的国王第一次得到这一圣礼的祝福，罗马教廷始终满心猜忌，把这一权力控制在自己手中。苏格兰国王直到 1331 年才得以受膏。埃德加国王的加冕礼把英格兰国王抬升到皇帝的地位，由此以后的数个世纪中，英格兰王室始终以神秘，甚至有时候属于僧侣身份的花环点缀自己。

这是一个双赢的交易。埃德加急于巩固王室的权威，而坎特伯雷的邓斯坦和其他有志于改革的神父热衷于复兴教会。所以主教们在祈祷文中加入了为王室祈祷的内容，而皇室则向教会捐赠土地，由此使英格兰的大教堂变得更为雄伟壮丽，并使教会得以重建遍及全国的修道院定居点。公元千年之际的所有英格兰修道院都是在此前的五十年中兴建或者重建的。王权与教会在促进国民对于权威机构的尊重方面利益一致，而修道院是培育阿尔弗雷德取得民族胜利的秘密要素的关键：僧侣们通过学校传播知识，而他们也通过对于文本的有效垄断增加了知识。

在每座修道院的缮写室里，弟兄们把磨尖的鹅毛笔蘸进装着彩色酸性墨水的小瓶子，弯下腰誊写古代手稿。每位僧侣的位置上放着两本书，一份是原本，一份是抄本，因为在公元千年，学习的途径就是抄写。你并不创造新的东西，你通过汲取和复制早先权威的智慧而变得博学。

按照现代的标准，这种持续不断地抄写古代权威然后束之高阁的做法，看起来没有什么创造性。但是，公元后第一个千年中的修道院创造了一种文化上的诺亚方舟，我们对于过去的理解就以此为基础。多亏他们的抄写复制，以及控制了地中海的阿拉伯人保存下来的文献，我们今天才能读到柏拉图、亚里士多德或是尤利乌斯·恺撒的著作。而且，我们今天所说的创造性，从抄写复制中慢慢地生发出来。

《儒略工作历》就是一个例子。在罗马时代晚期，已经有类似的历法，其中的每个月份都有一幅绘制了特定任务的插图；而1020年《儒略工作历》抑扬顿挫、可以唱出来的文本可以追溯到一个世纪之前埃塞尔雷德的伯祖父阿瑟尔斯坦统治时期。阿瑟尔斯坦继了祖父阿尔弗雷德对于书籍的热爱，10世纪20年代的某个时候，他命人制作了一部精美的诗集。这是一部装饰华丽的圣歌集，其中的诗篇是从低地国家的列日（Liege）传入王室图书馆的。

看起来，阿瑟尔斯坦决定在这一来自列日的可观书卷中增加一部有韵律的圣徒日历，以此扩大其规模，并打下他个人的烙印。这就是后来编入《儒略工作历》的365行韵文现存最早的来源。然而，阿瑟尔斯坦列出的圣徒纪念日没有插图；而他列出的举行宴会的圣日中，与加来海峡省（Pad de Calais）有关的圣徒异乎寻常地多，那里是英吉利海峡对岸长久以来的农业定居区。这说明，诗歌本身或是抄写员来自法国北部，[76]尽管他列出的来自爱尔兰

的圣徒和宴饮之日的数量也很令人吃惊。这更加让人困惑，至少
对现代人的思维来说令人困惑。但这正是中世纪通过先例和积累
进行学习的方法的精华所在：一本精美的佛兰德斯圣歌集，以一
系列来自法国北部的圣徒加以装饰，继而被改写为韵文，而改写
者很可能是爱尔兰僧侣，或者是抄写员，他在抄写的时候眼前放
着一份爱尔兰圣徒的清单——而这一切都是在一位温彻斯特的英
格兰国王的赞助下完成的。

　　一百年以后，《儒略工作历》进一步得到润饰。很可能是坎
特伯雷人借用了阿瑟尔斯坦的圣歌集及其 365 行韵文，这可能
是许多互借计划中的一次。英格兰新近重建的修道院彼此借用对
方的文本，以便恢复它们的图书馆。我们知道，坎特伯雷那些
年恰巧拥有另一份精美、华丽的文献，即所谓的《乌特勒支诗篇
集》（Utrecht Psalter）。它大约在 830 年编纂于法国北部的兰斯
（Rheims）主教区，特点是带有生动、几乎是印象派的日常生活
的素描。这些栩栩如生的绘画取材于古代插图，后来的版本以当
时的细节加以更新，包括最新式的武器和农具，以及时新款式的
衣着。

　　《乌特勒支诗篇集》中新奇的素描显然是《儒略工作历》引人
注目的线描图的灵感来源，它们给《儒略工作历》注入生命力，

使之鲜活起来。我们可以想象，坎特伯雷的抄写员在他工作的位置上放着来自温彻斯特的押韵的圣徒目录。他怎样做才能为这份清单增光添彩，使它成为坎特伯雷特有的东西呢？坎特伯雷是此时英格兰教会的总部所在地。在缮写室的某个地方放着《乌特勒支诗篇集》的羊皮纸页，很可能就是在那一天打开的。所以，《乌特勒支诗篇集》那引人注目、颇富挑战性而又相当现代的素描可能也突然展现在他的面前。屋外是英格兰南部的乡村，经常到那儿劳动是僧侣们修道院职责的一部分，此时收干草的人正在那里挥舞镰刀。于是，这位抄写员开始素描，他捕捉到秃顶的割草人停下休息时疲惫的神情和眉间的汗水，画在了日历 7 月那页的右手边；而左手边，另一位割草人正站在后方，用磨刀石打磨他的镰刀。今天，我们钦佩这位天赋过人的无名画家，因为他把 11 世纪早期英格兰的生活展现给我们；但是他的同伴和僧侣们夸奖他，却很可能是因为他坚守了乌特勒支传统及其所有古典先例。

对于中世纪手稿的赞誉源于它们那些被恰当地描述为光彩照人的绘画。它们的色彩感和线条上的创新使人眼前一亮，没有这些，它们不过就是灰暗庸常之物。《儒略工作历》的素描就是如此，其中没有添加任何颜色。它们的生命力源自线条的活力和敏锐的观察。看看为 5 月绘制的小羊羔吃奶的插图。羊群旁边的山坡上，两位牧羊人斜倚在一起，轻声低语，专心致志地聊天、交谈，其中的一位还在抓自己的后脑勺。这是一份基于亲眼所见的记录。2 月的绘画中，左边的剪枝人是从下往上修剪树枝，这是砍掉沉重树杈的正确方法。

对于现代人来说，这些绘画是世俗的，其中没有光轮，也没有十字架。关于它们，绝对没有任何属于来世的东西。日历中的语言是朝向天国的，而这些绘画则深深地聚焦于人文主义风格的人——这些人大部分属于最为低下、最缺乏特权的社会阶层。

必须假定，以如此浓厚的兴趣和同情为《儒略工作历》绘制插图的僧侣是一位信徒。在公元千年，每个人都有信仰——尤其是那些异教徒和被教会谴责为异端的人。异端的罪行在于相信了错误的东西。但是现代的观看者可以从这些非常人性化的按月劳动中感受到，它所强调的东西发生了变化。中世纪的思想具有不可置疑的性质，某种不可知论的疏离之感将会在下一个五百年中改变它。在这一古老而传统的文献中，我们可以感到探索和怀疑精神的开端，它将把中世纪带往文艺复兴的胜利的顶点，并激发一个探索与科学的时代。

8月

治 疗

8 月 1 日，收获节（Lammas Day），它是最古老的英格兰乡村节日之一。莎士比亚笔下的朱丽叶在"收获节前一天的晚上"出生。直到今天，收获节仍然是苏格兰财政年度的季度结算日之一。听起来，收获节好像起源于跟"羊羔"（lamb）和"弥撒"（mass）有关的某种宗教节日，但它实际上却起源于盎格鲁－撒克逊人每年耕作土地与维持生活的循环。Lammas 就是 hlafmaesse，面包－弥撒（loaf-mass），即饥饿的间隙结束，人们可以用新收获的粮食做出第一条面包的那一天。"我一定要坚持到收获节，我希望那时候我的谷仓里就有粮食了，"农夫皮尔斯宣称，"然后我可以想吃什么就吃什么。"[77]

《儒略工作历》8 月的绘画清楚地表明，为收获节收割粮食是所有人都要参加的活动。画面上至少有 7 个人聚集在一起，比其他任何一个月份都多。他们忙着挥舞镰刀，割下小麦，扎成捆，把它们装上一辆制作精良的撒克逊双轮车。《儒略工作历》8 月份的计时写道："黑夜十个小时，白天十四个小时。"这个月中每个小时的工作都是急匆匆的，因为为制作面包而收割粮食是维持生活的支点。对于公元千年的人们来说，面包是比肉、牛奶和任何种类的青菜都更为重要的生活必需品。"我使人们的心脏强壮，"埃尔弗里克的《谈话》中的"面包师"夸口道，"我是人们的活力之源。"[78]

中世纪的面包是圆形的，粗糙，按照现代的标准来看相当扁平，不是用锡纸烤制的，质地类似今天的皮塔饼、印度或巴基斯坦稍微发酵的面包或者恰帕提（皮塔饼主要是指流行于中东阿拉伯地区的一种圆面饼，恰帕提是一种印度的不发酵面包。——译者注）。小麦面包中的麸质充当了膨松剂，使它比黑麦面包和大麦面包更为松软。但是很可能，当大部分人吃它们的时候，面包已经又陈又硬。这是因为在市镇和修道院以外，很少有专门的面包师每天制作新鲜的面包。居住在乡村的人一定经常要吃放了一个星期甚至更久的面包，他们拿面包蘸着谷物和蔬菜做成的稀粥似的浓汤来吃，这样可以使面包的硬皮变软。这些东西没什么味道，但却很健康，是英格兰人的主食。中欧的农民吃黑麦面包，但英格兰人首选小麦，其次是大麦。圣徒们为了展示自己的谦卑，选择吃大麦面包。一份圣徒言行录中记载，圣巴西尔（St. Basil）请尤利安（Julian）皇帝吃大麦面包，使后者觉得受到了侮辱。"大麦只适合喂马。"皇帝气愤填膺地说，针锋相对地递给这位圣徒一些草吃。[79]

谷物在新近建造起来的水力磨坊中磨成粉。在诺曼人 1086 年对征服土地的调查中，他们发现英格兰有 5624 座水力磨坊，差不多每个村庄都有一座。这些磨坊中肯定有许多在公元千年之际已经在使用了。磨坊跟犁队一样，由整个村子共同经营，它使经济更为复杂成熟，进一步刺激人们使用现金。水车大体是用橡木造的，内齿轮用榆木，传动轴则用结实的橡木制作，用铁条绑在一起，使之更为牢固。中世纪的水力磨坊砰砰地缓缓转动，其马力近似于一辆现代的助力车或是小摩托。[80]

8 月，苍蝇开始成为麻烦。每个农家的后院都堆积着粪肥，每座房子的外面都有裸露的垃圾坑，苍蝇围绕着它们盘旋飞舞，发出嗡嗡的声音。如果说 20 世纪晚期到处都可以闻到汽油和废气的味道，公元千年的空气中则弥漫着粪便的味道。牛、马、猪、羊和鸡，每一种动物的粪便气味不同。素食动物的排泄物闻起来有一点甜味，而消化过的肉味则很刺鼻。生活在公元千年的人需要有一个比现代人迟钝得多的鼻子。

有一些考古学家专门研究排泄物，他们仔细搜索古人居所遗址的便坑，发现了一些基本的细节，比如公元千年的人们用苔藓充当厕纸。考古学家把这些难登大雅之堂的东西称为"coprolite"（粪便化石），这个词来自希腊语的粪便"copros"。考古学家熟知所要寻找的对象脱水矿化后的大小和形状，幸亏如此，他们发现中世纪英格兰人最好的伙伴是他的狗——狗的排泄物经过一千多年在外形上没有什么变化。另一方面，当时人类的粪便常常无法保持类似的紧实的形状，说明他们的肠胃比现代人的肠胃蠕动得松散很多。这可能是他们经常发生肠道感染或是饮食中蔬菜比较多所致，尽管在便坑中出现的碎动物骨头和恶形恶状的鲱鱼、鳗鱼和棘鱼的刺说明我们的祖先并不缺乏蛋白质供应。经常出现的苹果、李子和樱桃核也说明，到水果成熟的时候，中世纪的人们绝不会浪费一丁点儿。

公元后第一个千年中便坑的选址显示出，人们对于清洁与健康的基本规则的理解是何等不完善。一份保存至今的晚些时候的平面图显示，修道院能够找出合理而且卫生的位置来建造它们的necessarium（公共厕所）——这是僧侣们对历史上的委婉语清单的一个贡献，是用于称呼那些小房间的拉丁语词。僧侣们小心翼翼地把他们的公共厕所建造在流水上面，并把修道院修建在饮用水源不受前者污染的位置。法国克卢尼（Cluny）修道院的平面图显示，它有七十张床的客房，附近就是有七十个独立位置的公共厕所。[81]

但是其他人很少这么挑剔。不管是在乡村还是城镇中，大部分房屋的厕所就在后门处或者附近，看起来人们并不考虑味道的问题，也不管苍蝇用不着飞多远就可以从垃圾堆飞到人们的食物上。人们不知道细菌会传染疾病，而且觉得身上有寄生虫是理所当然的。这些寄生虫包括不那么有害的鞭虫，也包括更加凶险的蛔虫，后者可以长到 30 厘米长，还能在身体各处移动，包括肺部和肝部。蛔虫可能从人体任何孔洞，包括最令人毛骨悚然地，从眼角突然钻出来。

人们更加难以忍受的寄生虫是跳蚤，因为它不停地叮咬宿主，而对付跳蚤的办法经过了人们的广泛讨论。一份中世纪的调查列出了全部选项，包括许多方法，比如把有跳蚤的衣服装在密封的箱子里，或者把羊皮铺在有跳蚤的床上，这样一旦它们跳出来，黑色的跳蚤在白色的背景下就无所遁形。[82] 此时，大概中世纪这位捉跳蚤的人就会举起短棒、厚重的衣服或是类似于报纸卷这样的东西猛地跳上前，把这些小虫子打死。

对付跳蚤和污秽的现代方法是好好擦洗身上藏污纳垢的地方，但这不符合中世纪人们的心态。一份 10 世纪的欧洲修道院守则规定每位僧侣每年洗澡五次，但是根据盎格鲁－撒克逊的个人卫生标准来看，这有点太狂热了。一位晚些时候的评论者嘲笑丹麦人每星期六都要洗澡、整理头发，但是承认这看起来使丹麦人更受女性的欢迎。[83]中世纪房屋的茅草屋顶、粗糙的植物做成的墙壁和砸实的泥土地面，给昆虫和细菌提供了不可胜数的藏身之所。当时没有现代所谓的"工作面"，可以用抗菌的方式加以清洗，实际上当时根本就没有抗菌的概念。如果有一点食物从盘子上掉下来，当时一份文献的建议是捡起来，在上面画个十字，加上调料——然后把它吃掉。[84]

十字符号就是公元千年人们的抗菌手段。人们知道把掉到地上的食物捡起来放到嘴里有一点风险，但是他信任自己的信仰。今天，我们相信现代医学，但很少有人能说自己对于它如何发挥作用知道很多。我们也知道，抵抗许多严重疾病的能力会受到所谓"积极的心态"的影响——对于中世纪的人来说，这就是"信仰"。

这样的对比看起来不怎么准确。卫生就是卫生，而如果吃了被污染的肉，不管多么积极的想法也于事无补。也可以说，只要看看那些相信医学并被治愈的人有多少，我们就不需要理解现代医学的技术细节，也能得到教训。然而公元千年的信徒可以指向《圣经》。《圣经》中至少有三十五次耶稣以信仰的力量击败疾病的奇迹，而信徒们知道，圣徒们仍然使这一非凡的传统保持着活力。当千年即将来临之际，埃尔弗里克描绘了在温彻斯特，人们通过触摸圣斯威森的遗物而痊愈的实物证据："古老的教堂挂满了拐杖（从一头到另一头，每面墙上都是）和跛子用的凳子，他们在这里被治好了。而且能被挂起来的拐杖和凳子还不到它们总数的一半。"[85]

公元千年，人们对现代的细菌理论一无所知，但他们很清楚疾病可以传染。麻风病是当时蔓延整个欧洲的疾病，11、12 世纪，慈善性的麻风病医院如雨后春笋般大量出现。这部分是为了照顾受害者，部分也是为了把他们与其他人隔离开。根据历史记载，罗马教会有一阶段对于解剖人体持有怀疑态度，并试图禁止解剖课程，但那是后来的事情。在公元千年，人们探索人体的内部运行，并且像知道世界并非平的那样，对它有很彻底的理解。现在保存在布鲁塞尔皇家图书馆（Royal Library of Brussel）的一份 9 世纪手稿在当时广泛流传，其中有 13 幅解剖图，说明胎儿在子宫中可能的姿态。[86] 这必然是以实践性的、产科学的观察为基础的。同样可以确定的是，一份保存在坎特伯雷图书馆的 11 世纪盎格鲁 – 撒克逊文献描述了胎儿的发育："在第六周，大脑外面裹上了一层膜；第二个月，血管形成了……血液涌入四肢，然后关节可以活动，全面发育；到第三个月，他已经是一个人了，除了还没有灵魂。"[87] 这意味着，在胎儿发育到四个月以前进行堕胎大概没有什么伦理问题。

在英格兰一些偏远地区的墓地，发现了13个年代尚未确定的盎格鲁－撒克逊头骨。这些头骨上都有整洁的钻孔，有证据表明其中的9个头骨在此后痊愈了，这就排除了它属于某种邪恶献祭或是死后仪式的可能性。今天，对头骨的环钻是一种头部受伤后的外科手术。在头骨上打孔可以缓解大脑的淤血和肿胀，或许这就是为什么这13个盎格鲁－撒克逊人接受这种剧烈但相对安全的疗法。现代的医生使用百得 (Black and Decker) 机械钻进行类似的手术，钻开头骨，在公元千年，做手术的人则可以使用当时的木匠和石匠用的半机械的弓钻。罗马人已经会用带有锋利金属钻头的弓钻，这种弓钻利用绕紧皮带的木柄来回转动，其原理与在头顶架设木杆的车床一样。所以我们可以猜测，尽管没有麻醉剂，接受钻孔治疗的盎格鲁－撒克逊人在这个过程中不会感到过于不适。

然而，我们不应该继续做这样的对比了，因为中世纪的环钻技术几乎没有可能是在任何现代人知道的物理诊断的基础上进行的。它更有可能是被当作一种驱魔手段，目的是解救被恶灵所折磨的灵魂。恶魔、精灵、幽灵是医学的另一面，疾病缠身的人们相信通过神圣的干预可以抵御它们。因为，既然是上帝治愈了疾病，那么推测最初是魔鬼造成了疾病也是合情合理的。

盎格鲁－撒克逊人把精灵视为魔鬼使人的身体受苦的特别助手。人们就像我们今天谈论细菌那样谈论"精灵的射击"（elf-shot），把感染解释为某些心怀恶意的妖精射出的无形箭矢或飞镖造成的结果。于是顺理成章的是，箭矢在治疗中应该发挥重要影响。一个 10 世纪的德国医方建议，如果你身体一侧感觉刺痛或是痛得特别厉害，那么在痛的地方放一个箭头或是其他什么金属物体，然后念诵下面这条咒语："出来，虫子，和其他九个小虫子一起，从骨髓到骨头里面去，从骨头都肉里面去，从肉到皮肤里面去，从皮肤到箭头里面去。"[88] 为了免得万一它听起来像是异教徒的咒语，患者还被告知要加上一句祈祷词："诚心所愿，我主。"

一条对付粉瘤或者皮肤肿块的英格兰咒语好像对人说话那样向它倾诉，好像它属于一个肿块大家族一样，这个大家族的成员既包括身体上的小包，也包括地平线上的小山。这些棘手的身体肿块会高高兴兴地收拾行李，回到群山中的家里去吗？

> 粉瘤，粉瘤，小粉瘤，
> 你不能在这里盖房子，这里没有你的住处，
> 你得去附近北方的山里，

可怜的家伙，那里有你的兄弟。

在狼的爪子下，在鹰的翅膀下，

在鹰的爪子下，愿你永远在变小！

像灶台下的煤块那样变小，

像墙壁上的污渍那样变小，

像桶里的水那样越来越少！

变得像亚麻籽那么小，

比手心里的虫子腿还要小，那么小，小得最后消失掉。

　　盎格鲁－撒克逊咒语的遣词用句很可爱。它们轻柔甜美，带着适度的幽默，与自然亲密而共鸣，或许正是自然，为治愈 10 世纪和 11 世纪的病患提供了最为强大的推动力。成功的药物治疗包括几种成分，它们全部列在 10 世纪一份被称为"鲍尔德水蛭书"（Bald's Leechbook）的温彻斯特文献中。"水蛭书"是指医书，因为中世纪的人们依赖水蛭治疗疾病。鲍尔德的名字题写在扉页上，否则我们也无从知晓书的主人姓甚名谁。

　　从手稿可以看出，它是一份工作手册。后来有人给它加上了插图和注释，它很可能就是鲍尔德医生的病案簿，按照从头到脚的顺序很方便地列出了药方。一条治疗头痛的药方需要用红色的大手帕把茜草茎扎在头上，而治疗冻疮的药剂则是把鸡蛋、葡萄酒和茴香根混合在一起。中间部分的药方是针对腹股沟附近区域的，其中有一条关于公元千年的万艾可——开黄色花的龙牙草。用牛奶煮龙牙草可以让"不够阳刚"的男人兴奋起来；而人们认为如果用威尔士麦芽酒来煮龙牙草，效果则恰好相反。

鲍尔德治疗带状疱疹的药方显示出盎格鲁－撒克逊人对于树木的赏鉴不凡，因为这种药水中要用到至少 15 种不同种类的树皮：山杨、苹果树、枫树、接骨木、柳树、黄华柳、桃金娘、山榆、橡树、黑刺李、桦树、橄榄树、山茱萸、水曲柳，还有引鸟花楸或是山梣。像橄榄树这样产自地中海地区的树木出现在药方中，说明这部医书的作者相信普林尼这样的权威，同时也说明橄榄树皮和其他来自异国他乡的灵丹妙药一定是从伦巴第买来，和胡椒等香料一起装进英格兰人的鞍囊的。

鲍尔德医书中使用的一些原料有致幻剂的作用，说明使用它们的目的是为了缓解病痛，使病人情绪高昂，而没有什么治疗的效果。它们是中世纪的吗啡，很像是莎士比亚的名著《麦克白》（Macbeth）里面女巫熬制的魔药中的"青蛙皮"，确定无疑具有导致幻觉的特性。当然，《麦克白》这出剧作撰写于 17 世纪初，但国王麦克白（King Macbeth）却是一个真实的人物，大约生于

1000 年。编年史中记载，他的妻子名为格鲁克（Gruoc）。麦克白在大约 1040 年到 1057 年间统治苏格兰。他在位的大部分时间忙于驱赶维京人，在这方面，他比南方的埃塞尔雷德做得更好。

《麦克白》中的一些巫术可能借鉴了鲍尔德医书中的一些药方。可以用油炸后碾碎的黑蛇治疗蜘蛛叮咬，闷烧山羊毛产生的烟据说对下背部的疼痛有效，而涂抹焚烧蜜蜂的灰制成的药膏被认为肯定可以治疗谢顶。现代的研究无法证明这些处方包含任何有医学意义的成分，但它们的稀奇古怪一定让医生和病人都感到印象深刻，就像现代有些人相信犀牛角和羊胎可以入药一样。但鲍尔德医书对医学并非一无所知。它解释肝脏的运作时就像是一本现代的教科书："它排出杂质，集中纯净的血液，把它经由四条动脉输送出去，主要是送到心脏。"

鲍尔德为痢疾开的处方更为出色地结合了偏方、宗教虔信和悉心护理。悉心护理很可能是其中最具疗效的成分："找一条两头都埋在土里的荆棘，找到嫩一些的根，挖出来，切九片放到左手上，然后唱三遍《求主垂怜》（Miserere mei deus，赞美诗第 56 篇），然后再唱九遍《天父》（Our Father）。然后找来艾蒿、蜡菊，把这三种植物放在几种奶中一起煮，直到变成红色。然后让他喝满满一碗，晚上禁食，饭前喝。让他睡在软床上，保暖。如果有必要，这样再做一次；如果还有必要，再做第三次。一般不需要重复更多次了。"

鲍尔德医书和许多盎格鲁－撒克逊医学都以古典时代的四种体液观念作为医学理论的基础。四种体液是指血液、黏液、红胆汁和黑胆汁，人们相信它们对应着火、水、气、土四种自然元素。四种体液在身体中以不同比例结合，导致了不同的情感和身体构造。"体液，"比德解释道，"血液多的人幽默，它使人乐观，外向，喜好说话和发笑。红胆汁使人瘦削，即使吃得多也是这样，它使人敏捷，勇敢，易怒，活泼。黑胆汁把人变得因沉稳而严肃，甚至忧伤。黏液使人迟缓，嗜睡，健忘。"[89]

体液的涨落随着季节而变换。"在收获节前的两周要避免放血疗法，"鲍尔德医书指示道，"此后的三十五天也是如此，因为有毒的物质到处飞，对人伤害很大。"根据这部医书，在一年中的这些时候，英格兰人不应该在中午的烈日下出门，而是应该像罗马人和南方的民族那样，建造有厚土墙的房子，以便躲避"空气中的灼热和毒素"[90]。

四种体液的理论把发烧和其他不适归因于体内有过多的血液，而去除这些"坏血液"在公元千年的医学实践中扮演了重要的角色。从致命的疾病到仅仅感到不适都会使用水蛭吸血或是切开血管放血，很难看出这些可怕而且使人虚弱的疗法有什么道理，它们削弱了身体，也无法唤起任何精神上的补益。现代的医生对鲍尔德医书中的一些处方和原则点头赞许，但从没有人说过放血疗法的任何好话——对于灼烧术也是一样，这是另一种用于平衡体液的中世纪方法。

灼烧术是用烧红的铁通条，以一种极为痛苦的针刺疗法的方式，灼烧人体的不同部分。一份 9 世纪的意大利手稿详细列出了身体上可以灼烧的点，还画出一位手持高脚杯的医生，他显然是想以杯中之物缓解患者的痛楚。这是欧洲已知最早描绘医疗程序的插图，而某些麻醉尝试的出现令人感到安慰。但是这种药剂——必然是强效的催眠药剂或是有相反的作用，是兴奋剂或是致幻剂——只能缓解痛苦。这一切听起来原始得令人绝望。借助于现代技术，微型照相机和激光之类使外科医生可以从最微小的切口进入人体。但这些技术已经提示我们，未来的人可能如何看待 20 世纪的胆囊手术和割阑尾留下的疤痕。

当我们广泛研究公元千年的病人可以获得的药物和治疗，很难责怪那些放弃人间的干预而决定顺其自然的患者。正如埃尔弗里克睿智地解释的："那生病的人，让他向上帝祈祷健康，耐心地忍受病痛吧。"[91]

9月

异教徒与林间的猪

号角吹出嘟嘟的声音，这两位盎格鲁－撒克逊探险者正向林间走去，想要打到一些大家伙——尽管从灌木丛中安静地大快朵颐的猪群来看，他们用不着费太大力气。公元千年，在英格兰的森林中有野猪，也有些幸存的狼，但更多的是在林地里悠哉游哉的家猪。9 月是初冬的预演，村民开始精挑细选待宰的猪。很可能，这些扛着长矛、带着猎犬捕捉野猪的猎手不过就是把猪群里最慢最老的、步履蹒跚的老母猪赶回家。

中世纪早期，一旦完成收获，每个农民都不得不为过冬做最基本的计算。储存的食物能坚持多久？哪些动物值得消耗更多的饲料养下去？9 月，生病、年老的牲畜被做成香肠和馅饼，猪是循环中最至关重要的因素。林地里采集到的果实，比如山毛榉坚果、橡子、栗子和其他水果与田里的收获物不相上下。秋天的猪是最肥的。

事实上中世纪的家猪全身都是宝，它们和野生的堂表亲们一起寻找食物，有时互相交配，外表明显和野猪非常相似。它们的鼻子很长，显得咄咄逼人，腿也很长。盎格鲁－撒克逊人家里空气的味道浓重刺鼻，成扇的猪肉吊在梁间月余，成了熏肉，使萦绕不散的浑浊空气也显得不那么一无是处了。猪胃的内层被制成猪肚，猪肠子被用作肠衣，而猪血则是黑香肠的主要成分。羊、牛和家禽都对农家贡献可观，但杂食的猪是用途最广，饲养最容易的。人们用"pannage"这个词来指中世纪时的猪天然的、自己找到的饲料，而中世纪林地的价值经常用一块林地能够饲养多少头猪来衡量。

公元千年之际的家畜很明显要比今天的小一些，它们也比六个世纪之前的家畜要小。罗马人饲养牲畜的方法相对科学，系统地提高了肉类的产量，但盎格鲁－撒克逊人并不为此操心。考古发掘出来的牛、猪和羊的骨头在几个世纪中逐渐缩小，在中世纪晚期采用了科学的饲养方法后，又逐渐变大。公元千年前后，开垦一片荒芜的土地需要八头牛组成的犁队，到 15 世纪，四到六头喂养得不错的牛就足够了，[92]——尽管这也反映了耕犁技术的改进。

盎格鲁－撒克逊人喜爱自己的动物。就像他们认识邻里间的所有牲畜一样，他们很可能为自己大家庭里的每个动物都起了昵称，他们也可能像身处沃尔特·迪斯尼的拟人动物园一样，与它们一起纵情狂欢。他们的诗歌兴高采烈地把坚韧、狡猾这样的人格特征赋予动物王国的成员，把它们视为同伴。在这样的世界里，人和动物的利益交织在一起，密不可分。大自然母亲的所有孩子都是他们的兄弟姐妹。

9月也是果园里的收获最为丰盛的时节。盎格鲁－撒克逊语中的 orceard（即古英语中的果园 [orchard]。——译者注）一词起源于 Weortyeard，意思是菜园或种植作物的园子。伍尔夫斯坦大主教描述经营妥善的庄园时，把果树嫁接作为一年中的任务之一；另外一份当时的文献指出，格拉斯顿伯里的李子是通过嫁接到本地的黑刺李上培育出来的。[93] 修道院团体在交流嫁接和修枝技术上尤其便利，就像他们为图书馆交换书籍一样。伊里（Ely）大修道院的葡萄园、果园和苗圃非常有名，其中培育了好几种果树。[94]

有人曾计划为爱尔兰康斯坦茨湖（Lake Constance）湖畔的传教士们修建一座大修道院，在为它的园地所作的规划中，苹果、梨、李子、无花果、柑橘、桃子、桑葚都很重要。[95] 圣本笃会规中要求僧侣不得食肉，而大部分修道士团体都把这解释为只包括红色血液的、四足的动物的肉，所以禽类和兔子不在此列，兔子是 1066 年以后由诺曼人带到英格兰的。但是修道院的饮食仍然偏向于素食，其中奶制品含量很高，坚果所占比例也很健康。圣加尔（St. Gall）的僧侣计划在庄园里种植栗子、杏仁、榛子、胡桃，至于蔬菜，他们的菜园里有洋葱、韭葱、芹菜、萝卜、胡萝卜、大蒜、大葱、欧防风、卷心菜、欧芹、莳萝、山萝卜、金盏花、香菜、罂粟花和莴苣。

这些水果和蔬菜几乎毫无疑问要比现代的味道好，但是和公元千年的牲畜一样，它们的个头要小很多。即使留出脱水收缩的余地，早期英格兰考古遗址中发现的果仁和种子也比今天的要小——而且，引人注目的是，我们今天习以为常的几种食物缺席了。

当时没有菠菜。直到 12 世纪十字军带回了菠菜的种子，它们才出现在欧洲的菜园里。西兰花、菜花、红花菜豆、甘蓝小包菜都是其后几个世纪里的数代园艺家培育出来的。也没有土豆和西红柿。欧洲还要等五百年，直到对美洲的探险才能得到它们。而尽管食谱中已经列出了牛奶酒和花草茶，当时还没有有待进口的刺激性饮料——茶叶、咖啡或巧克力。

按照现代标准来看，当时最大的饮食空白是缺乏任何种类的糖。威尼斯的文献中记载，996 年，第一次有一船甘蔗达到威尼斯，很可能是来自波斯或埃及。[96] 但是直到中世纪末期，再也没有糖进口到欧洲。[97] 而直到 17 世纪加勒比地区的糖料作物种植园发展起来，欧洲人才陷于甜味中无法自拔，造就了现代的甜食喜好。盎格鲁－撒克逊人的遗体骨骼引人注目的一点就是他们没有龋齿的问题。

蜂蜜是公元千年甜味最重要的来源。蜂蜜如此珍贵，在中世纪的英格兰几乎成为货币。人们用它缴税，如果有一群蜜蜂在你的茅草屋顶筑巢，那可真是幸运的一天：

> 天啊，外面有一群蜜蜂，
>
> 飞到这里来，可爱的小家伙，
>
> 上帝保护你，安宁无忧，
>
> 一个也不少，到我家里来！

教会设计出上面这样的祈祷词，试图帮助虔诚的信徒抓住这个机会，它后来发展成一段很长的祈祷：

> 坐下，坐下，蜜蜂！
>
> 圣玛丽命令你们！
>
> 你们不该离开，
>
> 你们不该飞到森林里去，
>
> 你们不该躲避我，

你们也不能离开我，

静静地坐下，

等待上帝的旨意！ [98]

蜜蜂不只是生产蜂蜜。蜂胶是一种略带红色的树脂，工蜂用它来建造蜂巢，它被视为一种极有价值的疗伤药膏，而蜂蜡比同等数量的蜂蜜还要值钱。用蜂蜡能做出最好的蜡烛，它的光明亮而稳定，味道也比动物脂油做成的蜡烛好闻，后者以羊的脂肪为原料，忽明忽暗。

"抓一些土，"另一条召唤蜜蜂的秘方说，"用右手把它撒到右脚下面，说：'我把它踩在脚下了，我找到它了。'"

这是一条异教的魔法，是教会祷词的前辈和竞争者。它用来确立对蜂群所有权的开场词就跟现代英式橄榄球球员接住球以后，把脚跟踩进地面，大喊"得分"一样。

下一步是向蜂群撒一把沙子或者小石头子，同时喊：

停下，凯旋的女士们，

落到地上来！

永远不要撒野，飞到树林里去。

记住我的好，

就像每个人都会记得食物和家一样。[99]

中世纪的养蜂人可能相信蜜蜂真的听到了他的话，而且能够理解它们。但现代的养蜂人是这样解释为什么咒语会有效的：蜜蜂的基因决定它们会不由自主地成群围着蜂后，当感觉到危险，就把它围起来，保护它降落到地面——就像遭遇冰雹或是捕捉蜜蜂的盎格鲁－撒克逊人扔出的小石头子时发生的那样。[100] 说到养蜂，英格兰人比罗马人进步了许多，罗马人推测蜂群的领袖一定是只公蜂。罗马人还相信，当蜜蜂成群飞舞，它们是要去与其他蜂群交战。然而，盎格鲁－撒克逊人已经知道，每个蜂巢里的领袖都是雌蜂，他们也知道，蜜蜂成群飞舞是为了繁殖和建造新的蜂窝。

当缺乏蜂蜜时，甜味的另一个来源是酿酒时剩下的、碾碎的葡萄浆。诺曼人 1086 年 "末日审判" 的调查列出了不少于 38 处英格兰葡萄园，最北面的一处位于伦敦东北 70 公里的伊里。当时的世界要更暖和些。考古学证据说明，950 年到 1300 年间的气温甚至明显比 "全球变暖" 的今天更高。气象学者把这一中世纪的温暖时期称为 "小最宜期"（Little Optimum），他们也以此解释维京人为何能扩张至俄罗斯、法国、冰岛和大西洋西北部。

冰山和浮冰在温暖气候下向北收缩，这看起来似乎可以解释公元千年前后利夫·埃里克松为什么能够沿着大西洋北端绕行，远达纽芬兰，以及为什么他会在那里发现葡萄。在"小最宜期"，爱丁堡的气候类似于今日的伦敦，而伦敦的气候则近似法国的卢瓦尔河（Loire）河谷，当时与现在的气温相差2—4华氏度——相当于美国旧金山的气候北移至西雅图。[101]

盎格鲁－撒克逊人对天气抱有极大的兴趣，他们依靠在航海方面的传统，自认为精通天候。尊者比德写道：

> 如果天空在夜晚发红，[那么它预示着]晴朗的一天；如果早上天空发红，天气会很糟糕……另外，在夜间航行的时候，如果船桨上波光闪烁，那么会起风暴。如果海豚总是跃出水面，据说会起风，吹散云朵，露出天空。[102]

一份9世纪的手稿专门关注雷以及它预示着什么："在5月，雷声预示着荒年……6月，雷声预示庄稼会长得不错，牲畜也会繁殖得很好……如果星期六打雷，可以认为这预示着很多僧侣和修女会死亡……星期三的雷声毫无疑问预示着无所事事的、可耻的妓女会死。"[103]

　　现代的读者一定会很好奇，那些读到这些预言，并且假如说回忆起自己上次在星期六听到雷声滚滚，但却没有见到同伴倒地不起的僧侣和修女会想些什么。预言永远让人着迷，而且对于那些认真对待它们的人来说，即使冰冷的现实证明预言是错误的，也无所谓。在公元千年，人们对于生活中难以捉摸的一面从不苛求。人们承认，没有人无所不知；或许，如果他们所依赖的那些事实被证明是错误的，他们可以借此安慰自己。

　　阿尔弗雷德国王谨慎行事。《盎格鲁－撒克逊编年史》令人印象深刻地把这位伟大君主的世系从9世纪追溯到诺亚，并由此上溯，经过玛士撒拉（Methusaleh）和其他《旧约》中的人物，直到亚当——"第一个人和我们的父，他就是救世主。阿门。"[104] 但是这位国王的谱系同样记载，他声称自己是沃登（Woden）的后裔，这是最伟大的日耳曼神祇之一，是大魔法师、平息风暴者、起死回生者和胜利的主宰者。[105] 而王室家系的另一个段落则记载着诸如贝奥（Beow，或 Barley）这样的人物，民间传说中的大麦约翰（John Barleycorn）的形象即起源于此，他也是古代异教献祭仪式中的焦点。

　　古老的神祇仍在盎格鲁－撒克逊人的田垄中昂首阔步。异教徒（pagan）一词来自拉丁语词 *pagus*，意思是"乡村"，古老的魔法正是在 pags，也就是乡下人当中流传下来。当农夫在 1 月或者 2 月出去犁出第一道田垄，你会看到，他在田间跪下，在土壤中挖出浅浅的小坑，埋下妻子烤好的一块糕饼，然后祈祷：

> 大地，大地，大地！
>
> 哦，我们的大地母亲！
>
> 愿那一切的主宰，永恒的主容许你
>
> 伸展，生长，
>
> 孕育玉米，充满力量。[106]

糕饼是用谷物做成的，农民们希望还能收获同样的谷物。比德提到人们是怎样习于把 2 月视作"糕饼之月"的，它缘于糕饼或是胎盘，"英格兰人在 2 月把它们献给他们的神"。[107]

比德和其他僧侣编年史家不愿意赞美英格兰的异教遗产。你必须仔细梳理他们的作品，才能发现异教的线索。但是甚至在他们对于基督教的忠诚中，也传达出一种英格兰旧有宗教与新宗教和平共处的印象：

我无法放弃多年以来的信仰……[根据比德的记载，597
年，肯特的最后一位异教徒国王艾塞尔伯特在与奥古斯丁和
他的传教士同伴交谈时如是言道。]但是鉴于你们远道而来，
而且我能看出你们希望把自己认为真的和好的信仰传授给我
们时的真诚渴望，我们不会伤害你们……我们也不会禁止你
们布道，获得信徒。[108]

比德接着描述艾塞尔伯特国王如何在坎特伯雷为基督教传教
士提供了一个基地，以及格列高利教皇怎样从罗马发来指示，展
示出同样的容忍：

你知道罗马教会的惯例……[教皇告诉奥古斯丁。]但是
如果你发现无论罗马、高卢还是其他地方的教会有更能被上
帝允许的习惯，我希望你能仔细选择它们……因为近来教会
在某些事情上更加严格了，而对于其他事情则予以宽容。她
有意忽略和容忍了其他那些事，因此经常能够成功地遏止她
所反对的邪恶。

格列高利告诉奥古斯丁，应该把英格兰旧有的异教庙宇改作

基督教堂，"因为人们求助于自己习惯了的地方会更加自在"。所以，有些现代的英格兰教堂可以追溯到青铜器时代的洞穴遗址。教会鼓励盎格鲁－撒克逊人向圣母玛利亚祈祷，而非向大地母亲献祭；教会还鼓励他们接受星期日和星期一，同时也容忍了星期二（Tiw's-day）、星期三（Woden's-day）、星期四（Thor's-day）和星期五（Frig's-day），这些是英格兰人根据旧有的斯堪的纳维亚神祇命名的日子。提尔（Tiw）是战神，沃登（Woden）是阿尔弗雷德的韦塞克斯王室家族的众神之父，托尔（Thunor）是雷神，而弗丽嘉（Frig）则是生长之物和丰产的女神。星期六（Saturn's day）是另一个异教的遗存，来自罗马人（Saturn，塞坦，是罗马的农业与丰收之神。——译者注）。

东安格利亚的国王阿尔德沃夫(Aldwulf)是尊者比德同时代人，他回忆起自己小时候曾见过前任国王雷德沃尔德（Redwald）建造的庙宇。雷德沃尔德试图在两种宗教之间左右逢源，建造了肩并肩的两座祭坛。这位国王在一座祭坛上分享面包和酒，"基督神圣的供奉"，而在另一座祭坛上则以老式的方法献祭。[109] 比德毫不含糊地指出，试图一仆二主是不光彩的、无知的行为，但他描述艾塞尔伯特国王为什么最终皈依基督教的措辞却用了平和、务实的词句。根据比德的说法，这位肯特的国王改信新教绝非出于任何深切的个人化或是情感的启示，而只不过是因为他认为新的宗教对于他个人和王国的前途更为有利而已。

皈依不过是以新的魔法取代旧的。言辞朴素的卜尼法斯（Boniface）砍倒了一片神圣的树林，用这些树木为耶稣修建新教堂，因此事而在德意志声名大噪。（卜尼法斯是英格兰传教士，被教廷派往德意志传教，世称"德意志使徒"。为了使德意志人信奉天主教，他当众砍倒了象征雷神托尔的橡树。——译者注）当地的萨满预言将会发生灾难，然而并没有出现闪电，卜尼法斯很快主持了大规模的皈依。树立在坎布里亚格斯福斯（Gosforth in Cumbria）的漂亮的石质十字架有十四英尺高，刻满了斯堪的纳维亚诸神，邪神洛基（Loki）被锁链捆在有毒的大蛇下面，沃登在群龙环绕中击退了狼，——而钉在十字架上的基督在战场顶端若隐若现，不太像是唯一、最有力量的神。

千禧年见证了欧洲政权争先恐后地加入基督教俱乐部，从988 年受洗的、基辅罗斯的国王弗拉基米尔（Vladimir），到冰岛的维京人群体和匈牙利的斯蒂芬（Stephen）国王，后两者都恰在1000 年皈依。当人们看到这些地理上的边缘地区纷纷加入欧洲核心地区的信仰体系，难免试图以之与现代欧洲边缘的国家对比：在第二个千年尾声，它们都排着队等待加入欧洲经济共同体。在公元千年，成为基督徒就是变得"现代"，这是一个社会热切试图实现中央集权，建立铸币、税收体系的标志；以及最重要的，它标志着有凝聚力的民族认同的形成，这是教会所积极宣传和神圣化的。当克努特 1016 年成为英格兰毫无争议的国王，他在温彻斯特建立起丹麦宫廷。他在此地的大教堂举行了一系列仪式，由宗教编年史家谨慎地加以宣传。克努特以此使自己新获得的力量和权威神圣化。

克努特决定从英格兰而非斯堪的纳维亚经营他的北海帝国，这是对于 11 世纪伊始英格兰所达到的文化和政治地位的颂扬，同样也是对于英格兰的宗教的颂扬。在异教与基督教的斗争中，基督教以迅猛之势占据上风。人们已经为此热切宣传许久，但在斗争白热化之际，却没有人看得清楚。

10月

军事演习

在 10 月的绘画中，波浪线勾勒出背景，使我们的目光集中在一列小山上，一条河由那里奔腾而下。当河水流到前景，汇为一处湖泊，两只水鸟在湖里欢快地溅起水花，全然不知自己已经成为猎人腕上猎鹰的目标。这是一幅很有雄心的画作，用一块羊皮纸上的寥寥几根线条，把风景、死亡的威胁，以及晚秋午后狩猎的气氛紧密地结合在一起。前景中笨拙的水鸟个头夸张，说明画家在透视方面可能犯了些错误；但他对于这只鸟的描绘却很准确，在一千年以前，英格兰的野生动物比今天的更具有异国色彩。画中猎人们的猎物是巨大的欧洲鹤，这种鹤在 16 世纪的某些时候被捕杀至灭绝。此前，它们在英格兰很常见。[110]

狩猎在公元千年之际仍是一项大众的消遣。每个自由身的盎格鲁－撒克逊人都有权利进入森林，带回一些猎物来吃。但是画上衣着华美的猎人显得富贵逼人，他们的马也打扮得很漂亮。诺曼人在 1066 年以后对狩猎加以限制，这成了土著居民和新政权之间摩擦的主要来源，而富态的骑马者和他放鹰的友人正预示了这一社会冲突。不受限制地狩猎的权力、技能和乐趣被上流社会所窃取。具有阶级敏感性，只有英格兰的狩猎有这样的内涵。11 世纪，狩猎权变成了一种全国性的诉求，而在大多数其他社会，"有钱人"和"穷人"都拥有这一权利。

中世纪的狩猎既是战争的隐喻，也是为了战争做准备。它使马匹和骑士保持健康，更重要的是，它培育出勇士们的同袍情义。它就像是训练课程。贵族和他的家臣一起外出狩猎，为未来将会发动的掠夺彼此沟通、谋划、演练，就像 20 世纪的恶意收购者在高尔夫球场上达成交易。在 950 年和 1066 年之间，英格兰是西欧最饱经战火蹂躏的王国。商人们外出贸易，农民们生产出食物，供养不断增长的人口。但这样的富庶使这个国家成为贫瘠、坚韧的掠食者的目标。忘掉"快乐的英格兰"（Merrie England）吧，想想 20 世纪 30 年代盗匪横行的芝加哥，或是今天遍布毒贩的洛杉矶南部。

观察黑帮和黑手党（Mafias）的运作方式有助于更好地理解公元千年之际的强权政治。尽管对外人来说颇为可怕，但黑帮的结构提供了凝聚力、保护，以及对于"家族"的归属感。它的等级结构既令人害怕，又令人感到安慰；虽然首领以恐惧作为维持团伙运行的基础，但对于同伙来说，他比一个没有规则的混乱环境更为可亲。成功的"教父"为弱小贫困的人提供了安宁和幸福，以此交换他们的忠诚（loyalty）——在公元千年，称为之"效忠"

(fealty)（此处特指对封建领主的义务。——译者注）。阿瑟尔斯坦的国王权威的标志是，10 世纪古英格兰所有男童（除了奴隶）在达到 12 岁时宣誓忠诚于他："首先，所有人都应该以上帝之名起誓——神圣之物在上帝面前变得神圣——他们将会忠于国王。"

宣誓仪式是由地方治安官主持的，他骑着马巡行乡间，是法律和秩序的化身。这一事实令人不由得以美国的狂野西部与之对比——那里是另一个初生的社会，急于强化自己脆弱的法律，对不法之徒和豪强们加以限制。在公元千年，国王的郡行政官有责任每年至少一次走访每个社区，在宗教气息浓重的仪式上主持宣誓。行政官的来访经常是在 10 月，此时庄稼已经收获完毕。可以想见，村庄里的男孩们心怀忐忑地聚集在一起，第一次体会到成年人的责任。

"正如一个人忠于自己的主人是天经地义的，"王室的命令说，"不能怀疑，也不能争论，不论是公开的还是在私下里，要支持主人所支持的，反对主人所反对的。所以，从宣读誓言的那一天起，如果有人违背誓言，所有人不得为他掩饰，即使对待自己的兄弟、亲属，也要像对待陌生人一样。"

这是一项至关重要的约定，因此，作为群体的忠诚一员，你有责任告发行为不当的任何人——守护天使加邻里监督。

　　这项誓言后来被称为"十户联保制"（frank pledge, 字面意思是"坦白宣誓"，但在英国史研究中常常根据其实际内容译作"十户联保制"。——译者注），是 10 世纪英格兰组织日益完善的管理体制的一部分。在这一制度之下，郡被分为"百户"（hundreds）——大约 100 户人家的群组。这些"百户"又被分成更小的、地方性的"十户联保"群组，每个组大概有 10 或 12 户人家，每户人家都有责任保证彼此遵纪守法，行为得当。十户联保制的精髓在于，它把非个人的服从转化为个人的忠诚。这种忠诚通过一系列不难理解的阶梯，最终向上扩展到最重要的主人——他的权威得到了上帝的认可。

　　在英格兰东北部的丹麦区，这种"百户"通称"小邑"（wapentake）。这个词起源于古斯堪的纳维亚语"vapnatak"，它的意思正如发音一样——"携带武器"（"weapon-taking"），因为公元千年之际忠诚和治理的最终目标正是征集人力和武器。文明心照不宣的事实是，它依赖于战争。所有伟大的社会都建立在军事成功的基础上。说到底，盎格鲁－撒克逊的国王是战争匪帮的头领。

　　在充当军事领袖时，国王最有必要扮演冷酷无情的匪首，因为他的主要将领本身就都是匪徒，这也是他们之所以能够身居此位的原因。最大的贵族就是最大的暴徒，因为英格兰的贵族与公元千年之际所有欧洲国家的军事精英一样，是受训从事杀戮的骨干。成为贵族就是佩戴刀剑，四处作威作福。1012 年，虔诚的坎特伯雷大主教阿尔福吉（Alphege）以惨痛的代价发现了当老兵痞喝醉了，会发生什么。

这位大主教是前一年被丹麦人俘虏的，他被扣押为人质，表面上受到礼遇。他与抓住他的那些人颇为亲密，从而使他们中的至少一个人皈依基督教，并为之施洗。直到一个晚上，在格林威治，一群贵族，丹麦国王的将领和朝臣中的精英，聚集在一起，开始享受一批从"南方"运来的葡萄酒。醉意使这些人想要来点儿特殊的庆祝。当晚的狂欢在丹麦贵族们向不幸的主教身上投掷宴会吃剩下的牛的头骨和其他骨头时达到顶峰。阿尔福吉勇敢地承受这一野蛮的恶作剧，直到被重重的一击打倒在地，鲜血横流——最后，他的头骨被斧背捣碎，终于不支。挥舞战斧的，正是他前一天使之皈依并为之祝福的那个贵族。

这些恶棍就是当时的诗歌所理想化的人。战士是英雄，勇士们之间兄弟般的同袍之谊为《贝奥武夫》和《莫尔登之战》（*The Battle of Maldon*）之类的英雄史诗提供了持续不断的主题。这里不是卡米洛特（Camelot）（传说中亚瑟王宫殿的所在地。——译者注）。有关亚瑟王和圆桌武士骑士精神的无稽之谈是在一个半世纪以后才发展起来的，可能以一名在罗马人离开以后在黑暗的混乱中作战的、名叫亚瑟的不列颠首领为基础。6世纪的亚瑟不太可能依照任何豪侠气概行事。

公元千年的战争的基本原则是尽可能避免交战。整个夏天都可能被用于调动军队，以免它们之间发生遭遇战。白发布莱特诺斯在莫尔登战役中最基本的错误就是寻求正面对抗。第一个千年中的战斗很像是一场英式橄榄球比赛中致死的混乱扭打——两边都穿着同样颜色的衬衫。没有区别彼此的制服或是甲胄，那是在以后的几个世纪中发展出来的。在令人迷惑的混战中，战士们很可能是靠相貌区分敌友的。军队规模很小——几千人就是一支很大的部队了——所以战场上的大部分主要人物靠外貌就可以分辨自己人。在这种相对亲密的环境中，你被杀死的可能性要比在一场现代机械化战争中小得多，但是受伤则是比现代严重得多的事情，因为缺乏适当的医疗手段，最小的伤口也可能是致命的。

前排站着最年轻、最强壮，以及最可以牺牲的战士。他们把盾牌举到胸口，彼此相接或部分重叠，组成防线。他们的长矛从这一被称为"盾墙"或是"战篱"的队列的空隙伸出来。在他们身后，排列着携带轻武器，更为灵活的第二队，他们的任务是填充盾墙的缺口，并联络前排和指挥部，指挥部就位于他们的正后方。指挥部包括战斗的领导者，他的武器、甲胄与其他人相差无几，徒步而行，身边围绕着他的近卫士兵——"侍卫"（house-carl），或者说一起烤火的同伴，这些人组成了他的个人扈从。在和平时期，国王的侍卫可以说是最接近于警察的力量：他们执行国王的法律，确保他的权威。

交战的战术几乎是礼仪性的。两边以盾墙相对，彼此靠近，利用诸如水体、森林之类的地理优势保护侧翼。在 1066 年 10 月 14 日哈罗德（Harold）和英格兰人的例子中，他们占据了黑斯廷斯（Hastings）西面的卡尔德贝克山（Caldbeck Hill）的高地，而诺曼人穿过盐沼，从大海向内陆攻击。

战斗开始于双方互掷长矛，以及松松散散地放箭，很可能伴随着大声嘲笑和叫喊，以便激发斗志。英格兰士兵使用坚固的紫杉、蜡木和榆木制作的弓，能够把带有铁箭头的箭矢射出一百码远：考古发掘出了带有个人标记的英格兰箭矢，说明弓箭手试图在战斗结束后取回它们，因为每个打制而成的铁箭头都价值不菲。

盎格鲁－撒克逊步兵奔赴战场时自己携带投掷用的长矛和剑、盾。他是一个多面手，什么都得干，而盎格鲁－撒克逊军队是西欧最后一只均质化的部队。它不像诺曼人那样划分为骑兵、步兵和弓箭手，这也是诺曼人在黑斯廷斯战胜盎格鲁－撒克逊人的原因之一。

关于盎格鲁－撒克逊军队看起来到底是什么样子的，我们最好的证据来自贝叶挂毯（Bayeux tapestry）。它是在黑斯廷斯之战后大约十六年的时间里，为了庆祝这场胜利而绣制的。制作挂毯的地点不是贝叶，最有可能是在坎特伯雷，由英格兰的刺绣工人受征服者威廉的亲族、贝叶主教厄德（Odo）的委托而制作。挂毯上，哈罗德国王的侍卫挥舞着骇人的战斧，但是大多数英格兰人的武器和服饰与敌对的诺曼人相差无几。他们穿着从头部覆盖到膝盖的锁甲，戴尖头盔，这种头盔的特点是有一道向下突出的金属梁，为鼻子提供保护。在今天的罗宾汉电影中，这种沉重、带有护鼻的头盔是邪恶的诺曼士兵最明显的标志，但是在公元千年前后，实际上撒克逊人、维京人和诺曼人都戴这样的头盔。

贝叶挂毯清楚地显示出，黑斯廷斯战役中双方最重要和决定性的区别在于，诺曼人骑马，而英格兰人徒步作战。最晚从阿尔弗雷德国王的时代开始，英格兰人骑着马匹奔赴战场，但一旦到达战场，这些马匹就被放走了。这些动物并不参战，但是会被拴在附近，为匆忙撤退做准备；或者天从人愿的话，用于追击敌人。

英格兰军队有史以来第一次面对骑兵正是在 1066 年。有关黑斯廷斯之战的记载表明，盾墙最初成功抵挡了诺曼骑士。诺曼人的军马强壮而敏捷，是专门为作战而培育的，这使他们成为欧洲最令人敬畏的军事力量。两种竞争的军事技术为了控制富庶而成熟的盎格鲁－撒克逊英格兰文明，在 1066 年 10 月的一个星期六一决高下，而新技术获得了胜利。英格兰步兵刚刚从远征北方的胜利中归来，他们在那里的斯坦福桥（Stamford Bridge）击败入侵的挪威国王哈拉尔德·哈德拉达（Harald Hardrade），随着午后时光的流逝，英格兰步兵在诺曼骑士的铁蹄下筋疲力尽。

一英里之外，没有人能听到一点声音。中世纪早期的战争中没有炮火声，也没有爆炸声，它是一系列低沉压抑的肉搏，只有刀剑相交的金属撞击声和战士的呐喊使之鲜活起来。诺曼人呐喊"上帝助我"（Dex Aie），而英格兰人一边用盾墙迫使敌人后退，一边呼喊"出去！出去！"他们操着一种可能在我们看来属于北方国家的口音。[111]

哈拉尔德·哈德拉达和诺曼底的威廉都在秋季登陆英格兰，这是千年之际战争最为盛行的时节。除非万不得已，没有军队会在冬季展开行动，而在夏季，每个身体健全的人都得在田里干活。然而，到了 10 月，你的士兵已经收完了庄稼，而田野里点缀着星星点点、装满粮食的谷仓——这是个掠夺的好时机。在农民看来，如果刚刚秋收就遭到劫掠，仓储一空，尤其危险的是你不仅仅会在冬天饿肚子，而且也会失去存留的谷种。一次严重的秋季袭击可能意味着毁掉未来几代人。

在公元千年，有如此多的运动和消遣与战争有关，这并不令人惊讶。骑马和射箭具有明显的实际用途，而棋盘上的策略则模拟了战场上的调兵遣将。国际象棋起源于东方，由阿拉伯人带到西班牙和法国南部。难以确定它是在什么时间传到英格兰的，但10世纪90年代的一首瑞士诗描绘了王后的走法，以及当国王被将军时，棋局是怎样结束的。在公元千年，王后是比较弱的棋子之一，而棋局比今天进行得更慢、更旷日持久。直到15世纪，王后才被允许移动超长的距离，此时，这项游戏经历了如此重大的革新，甚至有时候被重新命名为新国际象棋、王后棋或是"愤怒的女士"（La Dame Enragee）。

公元千年没有纸牌，它直到14世纪才在欧洲出现。但是有证据说明，人们玩双陆棋和井字游戏。随着夜晚变长，盎格鲁－撒克逊人自娱自乐的能力得以施展，他们尤其钟爱字谜。这些字谜常常像诗一样，——正如他们的诗可能像是字谜：

> 我有许多颜色，我逃离开天空和厚土，
>
> 地上没有我的存身之所，我也不会停留在杆上，

没有人害怕像我这样的流放，

但我如雨般的泪水，使世界变得青翠。

这个谜语的作者是 7 世纪的学者圣奥德赫姆（St. Aldhelm），答案是"云"。奥德赫姆得到阿尔弗雷德国王的宠爱，他的诗句由竖琴伴奏，用于吸引人们到教堂。他创作的字谜保存在坎特伯雷大教堂一份 10 世纪的手稿中，流传下来。

在南方的埃克塞特，大教堂的图书馆中保存了一部更加包罗万象的字谜书——11 世纪的《埃克塞特书》（*Exter Book*）。《埃克塞特书》封面上布满疤痕，看起来曾被用作切面包和乳酪的砧板。从扉页上褐色的圆形污痕来看，它也曾被用作啤酒垫，其中收录的一些字谜与此颇为匹配。这些 10 世纪的下流笑话被僧侣们以最为精细的双手抄写在羊皮纸上，它们表明，盎格鲁－撒克逊的男性有一种精力充沛的幽默感。但对于女性的感觉，我们知道些什么呢？

11月

女性与爱人的价格

　　我们来到了 11 月，已经快到年底了。在《儒略工作历》的插画中，没有任何一幅表现了公元千年生活中女性工作、游乐或是充当无论大小任何角色的场景。11 月也不会解决这个问题，因为就像其他任何从当时流传至今的文献一样，《儒略工作历》是男性情感的作品。在当时的世界，语言和思维本身都毫无疑问限制在男性术语的框架中。

　　古英语中用来表示人的词是 mann，所有的人则是 menn。无论男女，都以这个词来表示，正如今天人们认为 women（女人）被包含在 mankind（人类）中一样。一份 11 世纪的文献提到亚当和夏娃的后代"传承自两个人（men）"，这种心理所展示出的对于性别的迟钝或许会令今天的我们感到震惊，但它也包含了一定的性别平等的假设。969 年的一份特许状讨论了伍斯特附近一个叫埃尔夫维尔德（Elfweard）的人拥有的土地："埃尔夫维尔德是第一个人（man）……"文件中写道，"现在这块土地归他的女儿所有，她是第二个人（man）。"[112] 有三十份盎格鲁－撒克逊晚期的遗嘱保存至今，其中有十份是女性的遗嘱，她们中的每一个都拥有大批财产。她们的所有权与男性的别无二致，在遗赠方面也是如此。在公元千年，女性在英格兰扮演的角色比表面上看起来复杂得多。

埃塞尔雷德国王统治时期因两位强大的女性而显得与众不同，甚至可以认为这两位女性比埃塞尔雷德本人更有力量。他在登极为王时只有十或十二岁。他之所以能成为国王，要归功于他的异母兄弟爱德华于 978 年在科夫（Corfe）被神秘地谋杀。没有任何人因这起暴行而受到惩罚，但许多人猜测爱德华的死亡与埃塞尔雷德的母亲，即王太后埃尔斯瑞丝（Aelfthryth）有关。她借此确保自己的儿子继承王位，而她自己则成为摄政。当时的教会对这一丑闻加以掩饰，因为已故爱德华的统治对于新近重建的修道院表现出明显的敌意。与之相反，埃尔斯瑞丝自己则是教会改革最主要的赞助者。所以在公元千年，英格兰的国王和改革中的教会的权力都要归功于同一位活力十足的女人。

1002 年，埃塞尔雷德三十出头，试图通过与诺曼底公爵理查二世的妹妹艾玛结婚，来巩固自己摇摇欲坠的权威。那年春天，这位年轻的女人从法国穿过海峡与埃塞尔雷德会面，她一定受到不小的惊吓。埃塞尔雷德在此前的联姻中生了六个儿子和最少四个女儿。艾玛只有十几岁，或许是十二岁，不会讲英语，在丈夫的要求下取了一个古英语的名字——艾尔弗吉福（Aelfgifu）。这种权宜之计的联盟是盎格鲁－撒克逊人"和亲女"（peace-weaver）观念的典型例子，人们认为和亲女的女性特质可以造就家族忠诚的新纽带。

但艾玛是一个自足自立的人。她还不到二十岁，就靠着自己的风骨成为埃塞尔雷德圈子里最有权力的人物。埃塞尔雷德死后，他的丹麦继承者卡努特抛弃了自己的第一位妻子，与艾玛成婚。这位外来的国王知道，艾玛的名望可以带来他所需要的权威。卡努特死后，他第一次婚姻所生的儿子飞毛腿哈罗德（Harold Harefoot）短暂地继位，但在哈罗德死后，艾玛的血脉占据了王位，先是她与卡努特的儿子哈德克努特（Harthacanute），然后是她与埃塞尔雷德的儿子，半英格兰、半诺曼血统的忏悔者爱德华（Edward the Confessor）成为国王。忏悔者爱德华与诺曼底的威廉之间的血缘关系为盎格鲁－诺曼政体铺平了道路。艾玛是两位古英格兰国王的妻子，也是另外两位的母亲。

盎格鲁－撒克逊国王的继承并不以长子继承权为基础。国王的所有后代都被视作"aetheling"，意思是"有权继承王冠的人"，王室从这些人中选择看起来最有能力的一个继承王位。这是使统治家族保持财富和能力的行之有效的办法。阿尔弗雷德是家中的幼子，却超越几位兄长，成为韦塞克斯的国王；而在爱尔兰，同样的原则扩大为几个不同宗族轮流拥有统治权。这可以与今天贝都因阿拉伯人按照家族共识选择君主相比较。在英格兰，这套制度造就了多样化的王权继承，大多数君主比僵硬的继承顺序扔出的人选更有能力——这也给那些养育了能力过人、强大有力的儿子的王室母亲提供了权力。

在公元千年，裙带关系没有什么可羞耻的。它的目的是维系家族的存续，为自己的宗族赢得更多权力的母亲获得整个群体的尊重。这个时期引人注目的一点是，在英格兰出现了对圣母玛利亚的崇拜，这位母亲养育了世界上最为强大的儿子。10世纪一份为埃塞沃尔德（Ethelwold）主教撰写的祷词呈现了保存至今的西方第一个戴王冠的玛利亚形象。圣母玛利亚被描绘为尘世女王的模样，头戴王冠，而不是大多数祈祷者一眼就能认出的木匠妻子。这是王权与教会发展中的联盟的又一个侧面。教会对这一形象广为宣传，使之更加意味深长。教会在埃尔斯瑞丝和艾玛这样坚强的王室主母那里找到了天然的同盟者。在即将走到生命的尽头时，艾玛拒绝按照传统在女修道院中归隐，而是继续活跃在王朝政治中。她委托人为自己撰写传记，以确保人们会以她所希望的方式记住她——人们记得她是艾玛，而不是艾尔弗吉福。

根据《盎格鲁－撒克逊编年史》来看，10 世纪最有活力的王室主母是阿尔弗雷德的女儿埃塞尔弗莱德（Aethelflaed）。在父亲死后，埃塞尔弗莱德与她的兄弟爱德华联盟，一起领导了英格兰人抗击丹麦人的行动。这为她赢得了"麦西亚女士"的美名。埃塞尔弗莱德嫁给了中部的麦西亚王国的君主，在丈夫死后，她有七年时间独立管理这个国家，延续了她的父亲修建带有防御措施的定居点以对抗丹麦人的政策。她还凭借个人能力领导士兵，根据《盎格鲁－撒克逊编年史》913 年的一条记载：

> 在这一年，在上帝的荣耀下，埃塞尔弗莱德，麦西亚女士，和所有麦西亚人一起前往塔姆沃思（Tamworth），初夏时节在那里修建了堡垒；在 8 月以前，又修建了斯塔福（Stafford）的堡垒。[113]

916 年，埃塞尔弗莱德派遣一支远征军反击一些威尔士入侵者，而后把注意力转向维京人，从他们手中夺回了德比和莱斯特（Leicester）有防御措施的定居点。"她保护自己人，使外来人感到恐惧。"马姆斯伯里的威廉（William of Malmesbury）写道。他是后征服时代的历史学家，看起来他对一位女人能够取得如此成就比盎格鲁－撒克逊的编年史家更感到惊讶。埃塞尔弗莱德在 910 年开始执行建造堡垒的计划，不到五年就完成了十处带有防御措施的定居点。她带领麦西亚人不断取得胜利，使自己成为 10 世纪早期英格兰最有力量的人物。我们可以想象这位当代的博阿迪西亚（Boadicea）（又译作"布狄卡"，她在公元 60 年前后领导了不列颠诸部反抗罗马统治的起义，最后战败身死。——译者注）站在盾墙后面，激发士兵的忠诚，并使对手充满敬畏。到 918 年，约克的维京人不战而降，自愿效忠于埃塞尔弗莱德。埃塞尔弗莱德和她的父亲一起，成为公元千年之际英格兰的民间英雄，她作为一位在艰难时势中坚韧不拔的女性而被铭记，在一次又一次口口相传中声名鹊起。

还有另外一类女性也不得不变得坚忍，就是那些管理早期盎格鲁－撒克逊英格兰修道院的女性。7 世纪建立的宗教社区中有大概五十处是双重修道院（double houses），其中男女混居，共同礼拜。根据记载，所有这些双重修道院都由女性管理。每个人都要听从女院长，而非男院长的命令。[114] 很明显，在三百年前，让一群受过教育的男性遵从女性的权威并不是什么难题，尽管文献表明所有的女院长都是"aetheling"——王室成员。这些开创新天地的女教士中最著名的一位是希尔达（Hilda）院长，她建立（或

者是重建）了约克郡海岸的惠特比大修道院。664 年，她在那里
主持了著名的惠特比宗教会议，凯尔特人和得到罗马支持的天主
教徒在此次会议上对复活节的日期展开了争论。(前文第 10、11 页提
到了此事。——译者注)

"所有认识她的人，"尊者比德写道，"都管她叫'妈妈'。"[115]

在希尔达的鼓励下，惠特比的牧牛人凯德蒙（Caedmon）第
一次用英语创作了基督教诗歌，希尔达让她的僧侣学会这些福音
歌，四处传唱。根据比德的记载，她还"督促手下的人花时间学
习《圣经》"。她的学生们成就斐然，其中不少人后来成为主教。[116]
她死于 680 年，其后没几年就被尊为圣徒。直到今天，宗教传统
仍把那些从北极向南迁徙，途中停留在原来惠特比修道院附近海
岬的大雁看作到此祭奠她的朝圣者。到公元千年，英格兰至少有
十五座教堂是献给圣希尔达的，每年的 11 月 17 日是属于她的宴
享之日。

然而，到公元千年，神圣的希尔达和王室女性管理的、开创
性的双重修道院已经是三百年前的记忆。在 10 世纪新建立的宗教
居所中，大约有三十处是修道院，其中只有六处是女修道院。双
重修道院不复存在，希尔达时代的兄弟－姊妹关系被更为僵化的
男女隔离所取代。教会在两性事务上的政策正在收紧。在 10 世

纪中叶，神父结婚已经是司空见惯之事。记录显示，在 10 世纪 60 年代早期，温彻斯特大教堂的管理者全部都是已婚的教士。但是邓斯坦、埃塞沃尔德和其他新的教会改革者对此持反对态度。想跟上形势的教士只能独身。964 年，埃塞沃尔德与温彻斯特那群快活的丈夫发生了激烈冲突。他要求他们在妻子和工作之间二选一，当所有人都选择和妻子在一起，他们被轰走，由一群来自阿宾顿（Abingdon）的独身僧侣取而代之。

随着千禧年的迫近，一种清教徒式的禁欲元素正在寻求对宗教的控制——"保姆教会"（Nanny Church）（指教会无微不至地照管、干预信徒的生活。——译者注）。挑剔的埃塞沃尔德觉得年轻的圣伊迪丝（St. Edith）衣着过于豪华，于是亲自谴责她说："基督啊，关注你的内心。"

"您说得非常对，神父，"伊迪丝回复说，"而我已经奉献了我的心。"[117]

伊迪丝年仅二十二岁就去世了，她的一生无可指摘。她之所以有勇气直面年迈的神父，或许是因为她是一位国王的女儿——尽管只是埃德加国王和肯特的伍尔夫丽达（Wulfrida）联姻的产物。到 10 世纪末，伊迪丝的谦卑在肯特、斯塔福德郡和赫里福郡（Herefordshire）引发了人们对圣井的崇拜。人们认为这些井里的水可以治疗眼疾。

大体上说，当教会要求更多地控制人们的日常生活时，没有遇到什么抵抗；在它尤其试图管理婚姻安排时，也是如此。到目前为止，它仍把这方面留给了地方习俗。盎格鲁－撒克逊人的婚礼仍然是传统的民间仪式，可以追溯到异教徒时代。一对夫妇或许会停留在教堂的走廊中，请求神父的祝福，但是仪式的精髓仍然是与其他村民在一起干杯、起誓和发言的世俗惯例。这样的世俗纽带也可以按照世俗的方式切断，尽管因为此后岁月中教会的有意删除而缺乏记载，但看起来当盎格鲁－撒克逊人不得不分手、离婚，他们确实并没有什么伦理上的顾虑。群体唯一关心的是实际的问题——合理地分割财产和照顾孩子。一个盎格鲁－撒克逊法条清楚地说明，只要她愿意，女性可以自主离婚；只要她带走孩子，养育他们，她就有权得到半数财产。[118]

古英格兰法典关注保护女性，使她们在一个艰难的、男性统治的社会中免于生活中的风险。如果说那个时代的英雄史诗代表了武士们咄咄逼人的男性气质，法典则支持生理上弱势一方反抗的权利。当时的法律是由男性君主及其男性顾问商议制定的，这样的法典看起来简直不太真实，但它却是古英语中所珍视的价值的直接体现：男人被称作"waepnedmenn"，意思是"带武器的人"；

而女人则是"wifmenn"，即"作妻子的人"，而 wif 则来自"weaving"，纺织。在一个动荡不安、没有商店的世界中，男人的工作是提供保护，而女人则提供衣物。这种职责划分反映在盎格鲁－撒克逊人的陪葬品当中：男性骸骨伴随着刀剑、长矛、盾牌，而女性则和纺锤、绕线棒，以及象征性的小针线盒埋在一起，针线盒中还装有针、线甚至小块布料。

到公元千年，人们不再按照这种方式埋葬死者。教会告诉信徒，他们在来世不需要装饰品或随葬之物。教会的方法逐渐生根，一种道学家的口吻渗入到这个复杂的问题中来，卡努特的第 53 条法规规定："如果一个女人在丈夫在世时与他人通奸……她的合法丈夫将拥有她的全部财产，她还要被割掉鼻子和耳朵。"[119]

这一可怕的规定中并没有要求对男性通奸者施以同样的惩罚，它没有存在多久。1035 年，随着卡努特的去世，这项规定也被废止了。对于通奸，唯一一条在残忍野蛮上可以与之相提并论的英格兰法律是在六百年后通过的，它属于奥立弗·克伦威尔（Oliver Cromwell）试图使英格兰神圣化的措施的一部分。盎格鲁－撒克逊生活中法律的基本原则从不吹毛求疵。每个男人——以及女人——都有自己的价格，即所谓的赎罪金（wergild），甚至道德污点严重的罪行也是依据颇为实际的条款管理的。肯特的一条法律写道："如果一个自由人与另一个自由人的妻子躺在一起，就让他为她支付赎罪金，并用他的钱 [为受害者] 另娶一个妻子。"[120]

　　这种以金钱为基础对待公共道德的态度冷酷地贯彻于整个社会。如果一个男人与一名处女躺在一起，如果她是王室的家内奴，他需要支付 50 先令赔偿金；如果她是在王室面粉磨坊里工作的奴隶，赔偿金额是 25 先令；如果她只是最低等级的奴隶，支付的价格则是 12 先令。[121]

　　在 9 世纪末，当涉及性骚扰，开明的阿尔弗雷德国王是按照同样的原则行事的：如果一个男人未经允许触摸了一位自由女性的胸部，须支付 5 先令的罚款；如果让她倒在地上，尽管并没有侵犯她，也须支付 10 先令。强暴自由女性需要支付六倍于此的数目，即必须支付 60 先令的赔偿。所有这些赔款都直接付给受到侵害的女子。

　　以上就是公元千年之际已经根深蒂固的盎格鲁－撒克逊法律原则。婚姻方面的法律本质上与财产分配有关，婚姻契约常常涉及男性家长之间对于"morgengifu"——字面意思是"晨礼"——的讨价还价，这是丈夫在满意地结束新婚之夜后支付的。它很可能包括许多钱和土地，直接归女子个人所有，这是她们因在婚前保持贞洁而获得的实实在在的经济利益。

　　法律并不特别要求新娘是处女。如果丈夫不抱怨，法律也没有什么必要掺和进来。但艾塞尔伯特国王确实规定，如果妻子做出欺诈行为，她应该退还晨礼。因此，如果发现妻子怀了其他人的孩子，支付晨礼的新郎也会得到保护。[122] 而阿尔弗雷德国王的法律为激情犯罪留出了余地：如果一个男人发现"其他男人与自己的已婚妻子一起待在门户紧闭的屋子里，或者在同一条毯子下；或者如果他发现另一个男人与他的合法女儿、姊妹或母亲 [处于上述情况中]，他可以殴打这个入侵者而不受惩罚。如果他杀死了这个人，其亲属不得向他复仇"。[123]

　　这些盎格鲁 - 撒克逊法律中有一种质朴而就事论事的论调。这些原则从一开始就清楚地认定，女性不需要为丈夫的犯罪行为负责——但如果事实证明她是同谋，她也就同样有罪。7 世纪韦塞克斯因尼国王（King Ine）的法律规定："如果任何人在妻子和孩子不知情的情况下盗窃，他需要支付 60 先令作为罚款。但是如果他的家里人知道他的盗窃行为，所有人都会被罚作奴隶。"四百年之后，卡努特使这一原则更为严谨细密，他下令：女人不会因丈夫偷窃而被判定有罪，除非赃物是在她作为家庭钥匙的保管者负有责任的地方找到的，包括家里的储藏室、所有大箱子，或是诸如被用作珠宝箱的小箱子。[124]

　　11 月的绘画描绘的或许正是盗窃嫌疑犯遭受的可怕惩罚。画中的一个人正在火上加热烙铁，最明显的推测可能是，他是一个铁匠，正在铸造马掌。然而，这种解读对于周围的人物而言毫无意义，另一种设想可以更好地解释他们。

　　画面左侧有一堆加工设计过的木板，堆放得整整齐齐。画家准确地捕捉到木板旁边的那个人扛走一捆木头的动作，他很可能要做一些不好的事情。中间那个人被怀疑是小偷，因此被画面右侧两名身穿礼服的正义使者带来接受神判，其中的一个拿着一卷法律文书。嫌疑人赤着脚，举起双手，准备接受可怕的考验。他被要求双手握住烧红的烙铁，走出九步，然后他的伤口会被包起来整整一个星期。当绷带打开时，如果伤口明显正在愈合，他会被判为无罪。如果伤口腐烂——也就意味着他无论如何都会死——他会接受公元千年对于盗窃的惩罚，也就是绞刑。

　　每座中世纪城镇和农村的十字路口都矗立着绞刑架，展示它可怕的悬挂物，它们在风中摇摇晃晃，直到鸟把尸体啄食到只剩下骨头。这幅景象令人不快，它的本意就是如此。那时候没有警察和监狱，神判法和绞刑架是当时设计出来阻止人们违法犯罪最有效的办法。它们所传达出来的信息是：别招惹法律，风险太大，不值得。

风险对于那些无法付钱脱身的人来说非常严峻。赎罪金制度意味着富人可以按照每条人命 125 镑的价格赎买他们的罪行。所以，当一个贵族谋杀犯通过为死者支付赎罪金而躲过死刑的惩罚，小偷则很可能没有钱做出任何赔偿。女性是否会像男性一样被吊死，我们不得而知。但是看起来，这似乎是公元千年之际的生与死中贯彻了男女平等的一个方面。

12月

万物的终结，还是新的开始？

我又看见一位天使从天而降，手里拿着无底深渊的钥匙和一条大锁链。他捉住了龙，就是最初的蛇，也就是魔鬼撒旦，把他捆绑一千年。天使把他摔到无底深渊里去，把深渊封闭，在上面盖印，使他不能再迷惑列国，直到那一千年完了。然后必须暂时释放他。

——《启示录》20：1-3

在公元千年，没有类似八卦专栏作家的人，但是假如说《名利场》（*Vanity Fair*）（美国著名时尚杂志，刊载了大量关于上流社会、当红明星私生活等方面的内容，也刊登新闻、评论、随笔等。——译者注）当时存在的话，它一定会给拉尔夫·格莱博（Ralpf Glaber）的作品留下一席之地。格莱博是一位勃艮第僧侣，撰写了五卷本的当代史。这是幸存下来的主要资料，可以让我们了解当日历变换为新的千年，当时的人感受如何。除了计算机方面的焦虑（指2000年前夕因程序设计缺陷而可能引起"千年虫"等计算机系统紊乱甚至崩溃的问题。——译者注），今天的大多数人都合情合理地对2000年及其以后的岁月持有乐观的心态。但是一千年前，人们从未经历过如此重要的里程碑，而诸如圣约翰的《启示录》之类的段落提出了令人不安的可能。世界走到尽头了吗？会有另一个千年吗？生活是否会继续下去，但却因圣约翰所描述的、挣脱捆绑的撒旦，而变得不那么令人愉快？

拉尔夫·格莱博撰写他的历史著作时，脑中正萦绕着这些疑问。他在 997 年进入第一所修道院。看起来，他总是惹事生非，很不合群。一位历史学家说，格莱博喜欢"唱反调"[125]，因为在五十年里，这位麻烦的僧侣先后被欧塞尔（Auxerre）、香浦（Champeaux）、第戎（Dijon）、贝兹（Beze）、叙兹（Suze）的修道院，最后是克卢尼的大修道院赶走。但是格莱博的流浪使他具有一种当时少见的多重视角。他能接触到公元千年之际的各种小道消息。他不是困守书斋的隐士，而是以一种隔着篱笆闲谈的风格写作。即使我们无法查证他写下的全部内容，他仍为我们了解至少是一部分人如何度过第一个千禧年，提供了生动而可信的一瞥。

在跨向千年之际，格莱博收集到一颗骇人的彗星划过天空的报道：

它在 9 月某天日落不久后出现，在整整三个月中可以看到。它如此耀眼，照亮了大片天空，然后，它在鸡鸣之时消失。但至于是上帝把一颗新星放入天空，还是只不过是把原有的一颗星点亮，只有上帝知道。……看起来最有把握的是，如果没有一些神秘而又可怕的事情将要发生，这种现象毫无疑问不会向人类显现。确实，不久之后，一场大火烧毁了大天使米迦勒的教堂。它建造在大洋中的海角 [布列塔尼海岸的圣米歇尔山] 之上，特别受到全世界的尊重。[126]

在描述 989 年这颗不祥的彗星——今天人们称之为哈雷彗星——的同时，格莱博也描述了其他的预兆：

在千禧年之后的第七年……意大利和高卢的几乎所有城市都遭到大火的毁坏，罗马的大部分也被大火夷为平地……[人们] 不约而同地发出恐惧的喊声，转而向宗徒之中的长者们忏悔。[127]

格莱博记载说，许多大人物死于这段时间前后——尽管所有时代都可以这么说——而且在撒丁岛有许多异端邪说。"所有这些，"

这位僧侣写道，"都与圣约翰的预言若合符节。他说一千年之后，魔鬼将会获得自由。"[128]

格莱博遇见过魔鬼，他曾数次在格莱博的床头显现。这位僧侣在回忆自己的幻象时说，这位黑暗王子鬈发杂乱，肤色黝黑，弓腰驼背，长着鹰钩鼻、山羊胡和厚嘴唇。他轻声低语，试图煽动这位圣洁的僧侣："你们这些僧侣为什么要为守夜、斋戒和禁欲操心？"路西法在一次来访中轻声说，"每天一小时的忏悔已经足够获得永恒的极乐……所以你为什么要在可以继续睡下去的时候，费心劳神地按照钟声起床？"[129]

有些历史学家引用这个浮士德博士似的段落，认为它削弱了格莱博的证言的真实性。但是这位僧侣对于幻象的描述表达了忏悔的教义带给所有基督徒的矛盾：如果忏悔一定能够带来救赎，为什么不在忏悔之前享受一下甜美的罪恶呢？如果格莱博的梦表达了什么的话，那就是一种怀疑精神的推理过程——而他的历史也不过度拘泥于圣约翰对于千禧年悲惨境遇的灰暗预言。在对10世纪90年代大灾难的描述后，格莱博很快转向1003年：

就在千禧年之后的第三年，整个世界，尤其是在意大利和高卢，尽管大部分现有的教堂没有什么不妥，没有一点不相称的地方，人们开始重建它们。看起来好像所有人群都想要在建筑的壮丽方面技压群芳，就好像整个世界都在抖落过去的重负，重获自由，在所有地方给自己披上一件教堂组成的白色斗篷。[130]

　　格莱博描述了一个屏住呼吸，准备迎接厄运的世界。但厄运并没有降临，当这位僧侣穿行在勃艮第壮丽的修道院建筑中，他有机会亲身见证教会石质建筑如雨后春笋般拔地而起，这标志着 11 世纪的到来。所有的北方基督教王国都重复着这一切。从盎格鲁－撒克逊英格兰的证据来看，成群结队的泥瓦匠四处游荡，成批揽下一个又一个群体委托的活计，建造几乎千篇一律的教区教堂。正如格莱博所描述的那样，这些建筑一定曾在中世界绿色的乡村中闪烁着微光，明亮而又美丽——直至今天，依然如此。

　　格莱博把他所说新建教堂的"白色斗篷"与一个重新开始的世界联系在一起，然而三十年之后，新的阴影出现了。严格地说，基督对人世的统治开始于他的死亡和作为救世主的复活，根据《新约》，这发生在耶稣三十三岁的时候。所以，或许《启示录》的悲惨寓言将在 1033 年实现?

在我主基督的千禧年之前、之后和那年前后不久发生的许多奇迹之后 [格莱博写道],在我主受难千年来临之际,有很多洞察力超群的能人做出了更多同样了不起的预言,而这些奇迹很快就会一一显现。[131]

1030 年左右,异端邪说又一次爆发了,这一次是在伦巴第人当中。爆发了可怕的饥荒,人吃人。更多受人爱戴的杰出教会人物去世,前所未有的众多朝圣者前往耶路撒冷。"人们相信,"格莱博写道,"季节和元素的顺序陷入了永久的混乱,人类的末日随之到来……这一定预示着受诅咒的基督的敌人的降临,根据神圣的证言,他将在世界末日时到来。"[132]

格莱博的史书的第四卷接着描述了幸福地度过 1033 年"天启"后的情况:

在我主受难千年之际,乌云遵从神圣的仁慈和善意而散去,微笑的天空中阳光闪烁,微风轻拂……此时,在阿基坦(Aquitaine),主教、修道院院长和其他献身神圣宗教的人率先召集所有人的大会……当听到这些集会的消息,所有民众兴高采烈地赶来,毫无异议地准备听从教会的神父们对他们的指令。即使从天而降的声音也不过如此，因为每个人都对先前的灾难无法忘怀，恐惧在未来陷入贫困。[133]

其他资料证明了格莱博的报道。11 世纪中叶的几十年中，法国大批群众露天聚集，崇拜遗迹，誓言和平。人们把这场运动称为"上帝的和平"，经济史家把这个现象解释为教会希望以此在那个冲突不断的时代里保护自己的财产。平民主义的布道激起了对无法无天的贵族的反感，非常有可能，有些布道者为了达到自己的目的而诉诸千禧年的焦虑。

神学家弗勒里的阿博（Abbo of Fleury）曾回忆他年轻时听过的一场千禧年之前的布道，这场布道正是这样做的。一位教区布道者宣称："一旦达到了千年之数，基督的敌人就会到来，最后的审判也将随之而至。"[134] 阿博看不起这位布道者通过选择性地引用经文里的一些段落唤起焦虑，但是在英格兰，雄辩的伍尔夫斯坦大主教毫不迟疑地激发人们的千年恐惧。时值 1014 年，埃塞尔雷德和丹麦人的战争正如火如荼，这位英格兰最伟大的布道者撰写了著名的《沃尔夫对英格兰人的训诫》（*Sermon of the Wolf to the English*）（伍尔夫斯坦经常根据自己的名字 [Wulfstan] 中的第一个元素 "Wulf"，而以英语 "Wolf" 或拉丁语中的 "Lupus"［狼］指称自己。

此处为音译。——译者注）：

> 亲爱的朋友们……这个世界正急匆匆地走向末日，比以往
> 任何时候都更接近那一天。它存在的时间越长，就变得越是糟
> 糕，事情总是这样。这一定是因为，人们的罪恶使基督之敌的
> 到来愈发邪恶，世界上很多地方都会变得残忍而恐怖。[135]

伍尔夫斯坦惊人的训诫以文字的方式流传至今。它的本意是
供僧侣们诵读，供神父在教区讲道坛宣讲。然而，在它使人如醉
如痴的激情中，人们几乎可以听到大主教本人宣读的声音。甚至
在经过翻译后，他的文句中也鼓荡着杰西·杰克逊（Jesse Jackson）
和马丁·路德·金（Martin Luther King）（二者都是美国黑人民权运动
领袖和非常杰出的演说家。——译者注）令人信服的节奏：

> 魔鬼深深地欺骗了这个民族，人们没有信仰，尽管他们
> 甜言蜜语，太多的罪恶在这片土地上畅行无阻……在埃德加
> 死后，这个民族的法律日益腐化；神圣之所暴露在攻击之下，
> 上帝的居所不再举行古代的典礼，被剥夺了它的应得之物；
> 宗教团体长期以来被人藐视；寡妇们被迫不正当地再婚；太

多人陷入贫穷；穷人遭到可鄙的蒙蔽、残忍的欺骗，到处茫然无知地把土地卖给外来人；经由使人痛苦的不公正，这个国家到处都有摇篮中的孩子因为微不足道的盗窃而成为奴隶；自由人的权利被压榨，奴隶的权利被剥夺，慈善的权利被无视；简单地说，上帝的律法遭到憎恨，而他的命令被人轻忽。[136]

伍尔夫斯坦在 1044 年发表这次布道时，没有提及格莱博立足的 1000 年或是 1033 年，但是他的言辞中同样带有穿过某种令人敬畏的时间临界点的感觉。英格兰人跟格莱博笔下法国人的情况一样，屏住呼吸。伍尔夫斯坦不关注日期，他关注的是英格兰的不幸，而这位大主教毫无疑问地相信，驾驶着龙船的维京人是基督之敌的工具："我们不断地付钱给他们，他们每天都在羞辱我们。他们烧杀抢掠，带着抢到的东西回到船上。看啊！如果不是上帝的愤怒，这些事情还能是在说明什么？"[137]

在公元 2000 年，现代历史学家争论，格莱博和伍尔夫斯坦所表达的忧虑是否可以证明基督教王国把第一个千禧年视为特别重要的时间点。那些怀疑格莱博的证言是否可靠，以及把伍尔夫斯坦的训诫仅仅视为维京人给英格兰人带来的痛苦的产物的历史学家，把 10 世纪 90 年代的大量英格兰遗嘱作为证据。这些遗嘱全都清楚而冷静地假定，世界将会一如既往。没有任何一份盎格鲁－撒克逊遗嘱或特许状提及即将到来的天启，也没有道理想象古英格兰的人群聚集在一起，以现代的方式倒数计时，等待旧时代的结束和新时代的开始。

《儒略工作历》12 月份的绘画是我们最后一次与这群聪慧的小人物相遇了。月复一月，他们带着如此动人的幽默感劳碌终年，显得一切如常。这些快乐的人正在打谷、扬场，把收获的作物装进用枝条细心编制的容器里带走，为下一年做准备。有充分的理由相信，这正是大部分古英格兰人准备、欢迎第二个千年到来的方式。只有识文断字的人才会为 DCCCCLXXXXVIIJ* 年变成一个简单的 M 年会发生什么而焦虑，他们对于哪个才是重要的日、时也会争论不已：12 月 25 日？1 月 1 日？天使报喜节？

"新年"开始的时间存在多种可能性，这显示出在公元千年，对于大多数人来说，时间的划分是多么地不精确——对于这种模糊，他们可以求助于重量级的权威。希波的哲学家圣奥古斯丁

---

　　* 即 999，盎格鲁－撒克逊人按照古罗马人的方式计数。（其后的 M 是罗马数字1000。——译者注。）

(St. Augustine of Hippo) 争辩说，人类把自己作为凡人的计算强加于上帝的工作之上，既可笑又无礼。认为"一切如常"的那些现代历史学家认为，每个社会中都有因轻信和屡遭厄运而痛苦的人——相信不明飞行物、百慕大三角和 X 档案的人在中世纪的前辈——格莱博和伍尔夫斯坦对于千年的关注并不比这些人的哀叹更重要。

　　然而，然而，……伍尔夫斯坦非凡的训诫以一种力量捕获和表达了它所处时代的精神，而它也正衍生于这种力量。训诫中无所不在的末日之感产生的反响远比一位教士的幻想更为深沉，而拉尔夫·格莱博的历史著作中也回荡着同样的共鸣。格莱博的叙述或许绚丽多彩，但它并非凭空捏造。罪恶、惩罚和基督之敌在这些鲜活的当代幻象中，与对于时间上重大关头的普遍关注联系在一起。世界正在转变。尽管世界本该如此，但第一个千年的结束显然刺激了一些人，使他们格外严肃地沉思这个事实，使他们仔细考虑永恒的陈词滥调中所蕴含的奇迹和绝望。

　　在南面的罗马，一位令人不安的教皇迎接了令人不安的千禧年的到来。如果仔细研读《启示录》，会发现它并未预言世界将会随着过满基督后的一千年而终结，而是说魔鬼会被释放，危害人间。当人们放眼四顾，想要找出证据说明基督的敌人是谁，在哪里，他们把目光锁定在教皇的宝座和它的新人选身上——欧里亚克的热尔贝（Gerbert of Aurillac），也就是西尔维斯特二世教皇（Pope Sylvester II）。

热尔贝的名字来源于阿基坦的一座小镇，他 941 年在那里出生。年轻时，热尔贝前往西班牙，学习撒拉逊人（Saracen）（泛指中世纪的阿拉伯人，他们在 8 世纪初征服伊比利亚半岛，保存了不少古典时代的文化遗产。——译者注）的数学和科学技术，他还在那里广泛阅读了柏拉图、亚里士多德的经典著作，以及奥维德（Ovid）（古罗马最具影响力的诗人之一，尤其擅长创作爱情诗。——译者注）危险的俗世情诗。热尔贝研究眼疾，而且是一位很有天赋的音乐家，建造了独具风格的新的机械管风琴。他为自己建造了一座天文馆，里面放满了木球，用来计算天体的运转。他还写过一篇关于星盘的论文。如果说有人可以代表新时代令人焦虑的精神的话，那就是这位聪慧好辩，树敌无数，然而却升至显位的人。他的敌人中包括了拉尔夫·格莱博。

热尔贝之所以能荣登高位，要归功于奥托王朝（Ottonian dynasty）的保护和支持。德意志国王奥托一世（Otto I）试图重建查理曼的帝国，把首都迁往罗马。在他的雄心的激励下，奥托王朝的统治者在临近公元千年的几十年中主宰了欧洲的政治。热尔贝在一次固定程式的哲学辩论赛中引起了奥托二世的注意，这种辩论赛可谓当时的重量级拳王争霸赛。全欧洲的学者和学生都赶来观看这些公开辩论，为那些充当正反方，辩论哲学命题的博学参赛者们喝彩。

热尔贝才思敏捷，980 年 11 月在拉文纳（Ravenna）举行的一场持续整天的辩论中获得胜利。他的命题是，物理学是数学的分支，而非可以自立门户的学科。奥托二世作为仪式的主持人和裁判主持了这场比赛，这位皇帝认定热尔贝可以为他的野心增光添彩。奥托王朝的统治者们四处寻找助力。10 世纪 30 年代，奥托一世与阿瑟尔斯坦的姐妹伊迪丝结婚，分享了欧洲最古老的王室——韦塞克斯家族的光彩。奥托二世死于 983 年，此后，热尔贝继续充当他的继承人奥托三世的门客、顾问和宫廷数学家。奥托三世继位时还是个孩子，热尔贝还为法兰克公爵休·加佩（Hugh Capet）出谋划策，后者在 987 年成为法兰克国王在不小程度上要感谢这位诡计多端的教士提供的建议和影响。

毫不奇怪，热尔贝过人的才智和广泛的政治影响力招来了嫉妒和怀疑。他的诽谤者说，这个人一定曾与魔鬼签订了契约，他们利用热尔贝对科学仪器的热爱和观察天象来证明他使用巫术。热尔贝偶尔涉猎通过与撒拉逊异教徒的交易保存下来的古代文本，更加重了他的罪行。当他在奥托三世的支持下，于公元千年前夕成为教皇，批评者们得到了他们需要的全部证据。据说，热尔贝，有史以来第一位出身法国的教皇，只有靠出卖灵魂才能保住教皇的冠冕。正如圣约翰所预言的那样，基督的敌人在基督的王国中掌权。

热尔贝在三年之后就去世了，这被认为是他背叛基督教的最终证明。魔鬼迫不及待地拿回了自己的东西。（传说中，魔鬼会在满足签约人的要求后，拿走契约规定的内容，比如签约人的生命、灵魂、健康等。——译者注）传说，热尔贝临终时要求把自己的尸体切碎，这样撒旦就没法把他全部带走了。人们如此认真地对待这个传说，六个半世纪之后，1648 年，梵蒂冈学者把他的遗体挖了出来。骸骨是完整的。

当热尔贝在 999 年成为教皇，他选择的称号是西尔维斯特二世，这招来把他与第一位西尔维斯特的蓄意对比。西尔维斯特一世是第一位基督教皇帝君士坦丁时代的罗马主教。第一位西尔维斯特的圣日是 12 月 31 日，古罗马新年的前一天。第二位西尔维斯特与这个异教徒日期的联系，为他的批评者所利用。新教皇最令人生疑的创新是提倡使用算盘，这种计算器具来自异国，使当时的算术发生了革命。使用罗马数字使算术停滞不前。计算 MCXIV（1114）

加上 CXCIX（199）已经够难了，计算一列字母乘以另一列字母简直就是不可能的事情。学者阿尔昆说，应该把 9000 视为数字的极限，没有办法数更大的数字了。当把 MMMMMMMMM（9000）写出来的时候，就可以理解他是什么意思了。

然而，使用算盘，只要轻轻拨动上面的珠子，就可以完成复杂的计算。在西方，更常见的是移动方格表里面的筹码——英格兰由此在第二个千年早期发展出政府的账房，也就是国库。就像现代的微型集成电路取代了传统的计算方式，算盘的原理使人们不再需要把数字写出来，神奇地使计算更加快捷。它在当时的商业、智力和科学上的潜在效果，可以与今天计算机的影响相提并论。

算盘是数学和一般思维全新而又令人迷惑的众多方面之一，此外还有零和无限。它们是理解宇宙运行所需的两个基本概念。这个宇宙按照自有的逻辑规则运作，而非神圣造物主不可思议的玩物。所有这些新鲜的理念将在未来开花结果——它们直到 1066 年之后才传入英格兰。但是多亏了第一个千年的比尔·盖茨——欧里亚克的热尔贝，它们几乎恰在千年之际来到基督的王国。在它们到来以后，生活永远不会再和从前一样了。

英格兰精神

然后，每个人也需要理解自己来自哪里，自己是谁，——
以及自己将成为什么样子。

——伍尔夫斯坦，1002—1023 年间的约克大主教

英格兰绿意盎然，令人愉悦。人们自由呼吸，耳边传来小鸟
的鸣叫和教堂的钟声，还可以闻到秋日夜晚燃烧木头的浓重味
道—— 一些极具吸引力的意象唤醒了公元千年的生活。从盎格
鲁－撒克逊教堂和考古遗址中复原的财宝具有令人沉醉的美，使
这一切更加完满：来自温彻斯特的两尊象牙天使优美地缠绕在一
起，宛如一对西克莫无花果种子做成的螺旋桨，盘旋鼓动，飞向
天堂；[138] 现在保存在利物浦博物馆的一支海象牙雕塑一定是在非
常接近公元千年的某个时间雕刻出来的，上面有两只厚脸皮的绵
羊从圣婴出生的马槽下向外窥视；[139] 伟大的伍尔夫斯坦大主教死

于 1023 年，在他的坟墓中出土了一支精美的细长铜制斗篷销，或许就是他走上布道坛之前扎紧法衣所用的那一支，销头上蚀刻着极小的窗格纹，[140] 即使今天的工艺也不过如此。

然而，在汉普郡金斯沃斯（Kingsworth）一座坟墓里发现了一位母亲的尸骨，她的孩子仍在她体内，被困在产道里。这名女子一定是因为没有药物可以缓解，在分娩的剧痛中死去——别提什么剖腹产，直到 16 世纪，英格兰才首次实施了这项手术，直到 18 世纪，才有母亲在剖腹产手术中幸存下来的报道。[141] 考古学家重建了这位金斯沃斯母亲的骨盆，发现它窄小狭隘，而胎儿的骨骼则比平均情况偏大，说明如果胎儿生下来，会有九到十磅重。[142] 所以，对于这些遗骨最合适的解释是，母亲一定是长时间徒劳无功地试图产下毫无生机的胎儿，最终因精疲力竭而死去。在伦敦发现的另一对悲剧性的遗体也是如此，胎儿的骨骼还在母亲的腹部。在公元千年，死亡、疾病和不适是人们每日的伴侣。度过《儒略工作历》开列的辛苦劳作的年度循环，是人类精神名副其实的胜利。

即使是最简单的事情也如此难以完成。手工铸造仅仅一枚硬币或是用手工车床制作一个木头杯子也要耗费漫长的时间和巨大的努力，而今天，人们使用机器大规模生产这些东西。每件基本的手工制品都代表着在很长时间中施展的技艺、付出的努力和巧思，而物质回报却少得可怜。国王和教会的显要们过得相对舒服些，但没有巨大或是夸张的利润空间供每个人享受。对大多数普通人来说，即使在最不起眼的方面也要挣扎求存。想象一下穿着粗糙、手工纺织的羊毛做成的令人刺痒的内衣，因为当时没有棉花。只有有钱人才能穿得起亚麻衣服，而今天很多人的皮肤会对亚麻的质地感觉刺痒。公元千年的诗歌赞美英雄的品质，而只是为了日复一日地活下去，每个男人或者女人都得拥有这样的品质。

在公元千年和公元两千年之间，最明显的差异在于多出来的、认为这第二个千禧年具有重要意义的几十亿人口。今天，犹太教徒、佛教徒和穆斯林的计时制度在各自的文化中仍然占据统治地位，在那里，2000 年分别被称为 5760 年、2544 年和 1420年。但是，即使只是因为计算机系统比本来的设计意图更紧密地与十三个世纪以前尊者比德推广开来的计时系统联系在一起，在全世界很多非基督教社会，公元 2000 年和新千年的概念都变得具有意义。因为大的、小的，乃至有时候是巧合的原因，这个公元千年前后从欧洲西北浓雾重重的角落发展起来的文化把它的价值观传遍了整个现代世界——而《儒略工作历》的绘画和拉丁语诗句提供了一些线索，可以帮助解释为什么会这样。

这部日历是用于工作和祈祷的。它所传达的信息是，你必须像毫无疑问地崇拜上帝一样辛勤劳作。正如在下一个千年最好的时光付诸实践的那样，这一基础的工作伦理被证明是英格兰，乃至许多分享这一伦理的社会中物质成功的基础。这些绘画已经暗示了将在工业化的西方出现的那些东西。1 月的农夫就像摆弄众多机器一样伺候牲畜栏里魁伟的公牛。它们是动物，但是他就像使用巨大的发动机一样使用它们，它们比无助的人类劳动力能在更短的时间里完成多得多的工作。正是这种机器的能量生产出食物盈余，支撑了英格兰不断上升的城镇人口比例，——正是在城镇中，大众繁荣和大众政治自由最终赢得了胜利。

回首千年之际的欧洲，人们可以预言很多社会将在英格兰之前获得财富，建立帝国——或许会以牺牲英格兰为代价。野心勃勃的奥托王朝的皇帝们同时控制了查理曼帝国和罗马帝国的旧都。在君士坦丁堡，拜占庭统治者维护了这座城市伟大的皇室传统；在南方的西班牙，撒拉逊人威胁继续北进，征服基督教诸王国。当时还有以巴格达、波斯、印度为基地的帝国，在更远的东方，还有朝鲜、中国和日本。

但是所有这些地方强权的结构都是专制政治。从长远来看，专制制度并非未来的发展方向。它缺乏弹性，墨守成规，不可避免地抵制创新的精神，而进步正依赖于创新精神。公元千年前后的英格兰人向野蛮的丹麦人支付丹麦金，看起来很蠢；但他们至少知道如何通过经济事业而非原始的征服获取钱财。而税金的征收毫无疑问伴随着巨大的抱怨声，只有在最终的人民同意的基础上才能如此频繁地征收、支付它。

同意和社会协作在任何社会中都属于最难获得的元素，但是对英格兰道路的长远未来而言，是至关重要的。分享犁队的技术是它们在社区组织中的实践。伍尔夫斯坦大主教对于公元千年之际如何管理农庄的描述以奴隶的劳动为基础，以庄园主的权威为中心，但是这种权威只有通过尊重社群的权利才能发挥作用。英格兰人在公元千年自称"臣民"，在今天仍然如此；但是十个世纪的政治发展为他们赢得的权利和特权，甚至使其他地方的"公民"感到嫉妒。

不那么美好的是，英格兰人也即将进入一个显然并不那么尊重他人权利的历史阶段。不到一百年，以十字军远征为开端，他们就会开始自己的全球扩张计划。基督教王国兴高采烈地抓住机会，为欧洲所遭受的侵略向异教徒们以牙还牙，英格兰愉快地参与其中。它要感谢诺曼人带来的战马、石头堡垒和新的前沿军事技术，但是它是以古老的盎格鲁－撒克逊经济源泉为所有这一切提供经济支持。考古学研究告诉我们，铸币既是英格兰商业潜力的表现，也有助于这种潜力变为现实，而这也得到了当时数学进展的助力。西方文献中首次出现阿拉伯数字是在 976 年，而尽管在商业中普遍使用它们还要几个世纪的时间，但它为计算能力指明了道路。现代的数学、技术、商业和经济都以这种计算能力为基础。

保存至今的少数盎格鲁－撒克逊英格兰遗嘱和特许状揭示了这个社会的未来的另一个要素。这些文件以世俗的一丝不苟记述了特定庄园边界的每一处细节，表现出公元千年人们对财产所有权的严肃态度。尽管这并非英格兰独有的，它将被证明是这个国家未来取得成功的另一个要素。18 世纪，埃德蒙·伯克（Edmund Burke）（18 世纪的爱尔兰政治家、政治理论家、哲学家、作家，被视为英美保守主义的奠基人之一。——译者注）将会论证说，财产的神圣不可侵犯是经济企业的基本先决条件，因为除非社会能够确保人们可以安全地拥有财产，任何刺激都是徒劳无功的。[143]

这种安全的最终保障是对于法律的尊重，这是健康的社会发展的根本动力。这种观念也就是没有人可以凌驾于法律之上，尤其是操弄权力的一切贵族和国王们。公元千年，这种观念已经内

化于管理英格兰人生活的法律之中，而且它有助于为这个勤劳的
社会提供一种尤其发达的民族凝聚力。民族国家的概念尚且有待
于清楚地表述出来，这个概念将会带来许多流血和苦难，但它在
下个千年中使英格兰的存在具有了吸引力。

当今天的我们展望下个千年，看起来超国家的、全球化的组
织将是未来的关键，有些人或许把国家看作一个过时的概念。但
是在公元千年之后的几个世纪里，国家是英格兰前行的发动机。
伍尔夫斯坦大主教对乡村同胞催眠般的布道既是充满宿命感的挽
歌，也是英格兰自身意识的嘹亮号角。地理是一个关键因素，语
言是另一个，经济事业则为下一个千年之中的许多征服提供了资
金。而英语的力量和适应性为最广泛的征服提供了保障。

最早的古英语文献，如果是法律文件，会显得拘谨而正式；
如果是诗歌，则带有传统英雄史诗的风格。但是确实有一首保存
至今的古英格兰诗歌，传达了某种对于命运的内在怀疑与坦然面
对，在千年的转角处鼓舞人们与生活的真相不懈斗争：

> 一次又一次，经由上帝的荣耀，
>
> 男人和女人，用灰色的布包裹一个孩子，
>
> 迎接他来到这世上；

他们把他视如珍宝，

在岁月的穿梭中教导他，

直到幼嫩的骨头变得粗壮，四肢变得修长……

　　这首诗的名字是《人的命运》（The Fortunes of Men）[144]，是对于命运的沉思。命运在古英语中写作 wyrd，字面的意思是"将会怎样"。这首诗描绘了年轻父母抚养孩子时新鲜而纯洁的快乐，佚名作者继而缕述了千年之际出生的孩子在生命的旅途中可能经历的不同命运：

饥饿将会吞噬一个，

风暴夺走另一个，

一个或许被长矛杀死，

另一个被砍倒在战场上……

　　《人的命运》开列了许多公元千年的年轻人——或者他忧心忡忡的父母——可能担心他会遭遇的风险，从在收获苹果的季节从树上摔下来，到因为在宴会上喝了太多酒而发生争吵：

一个会从高高的树上跌落，没有翅膀……

一个会挂在绞刑架上摇晃……

剑刃夺走一条性命，

在蜜酒凳旁，气冲冲的醉鬼喝了太多的酒，

他的言辞太过鲁莽……

　　但是生活也带给人们快乐和成就——"一个年轻人的喜悦，"诗人说，"……是摔跤时的力量……投掷和射击时的技巧……赌博时的好运……下棋时的狡黠。"《人的命运》审视了生活中积极的一面，列出第一个千年的转角处人们所梦想的世俗之乐，尽管诗人为命运和上帝的宠儿所设想的快乐都是男性野心的业绩。诗人关于运动、飞来横财和酒吧里逍遥时光的心愿清单跟 20 世纪热血青年的愿望没什么两样：

一个人会为了聚会而高兴，喜悦，

人们坐在蜜酒凳上，端起啤酒……

一个人会安坐在竖琴旁，

在主人的脚边，接过财宝……

一个人会驯服傲慢的野鸟，

站在拳头上的鹰，

直到它变得温柔，为它系上脚带……

诗人为他的读者留下一个大问题：你的生活会走上哪条道路？走向幸福还是某种活生生的悲剧？公元千年之际对于"wyrd"的回答，与今天关于"将会怎样"的答案一样是沉甸甸不可估量的挑战。只有上帝，或者命运，能够告诉我们。

C. S. 路易斯（C. S. Lewis）（20世纪的英国文学家、学者和批评家，《纳尼亚传奇》的作者。——译者注）说的"年代的势利眼"使我们相信，因为我们恰巧生活在祖先之后的岁月里，能够阅读他们所经历的一些事情的描述，所以我们一定比他们了解得更多。我们确实知晓更多事实。我们拥有更多财富，不论是个人的还是国家的；我们还拥有更先进的技术；而对于保持和拓展我们的生命，更拥有他们望尘莫及的巧妙方法。然而，我们今天是否展示出更多的智慧和共同的人性，仍是一个值得讨论的问题。当我们回望一千年以前的人们如何为生存下去而应对日常生活中的艰难险阻，我们也会思考，我们是否足够成熟，能够以同样的刚毅、幽默和人生观直面他们世界中的那些挑战？

致　谢

　　这本书最初的创意来自丹尼·丹齐格（Danny Danziger），他在哈罗公学读书的时候并没怎么学过英国历史。更用功的是他的同学泰尔曼，也就是现在的克里斯多夫·泰尔曼博士（Dr. Christopher Tyerman），哈罗公学历史课程的主管。我们要感谢克里斯多夫，他以自己在历史方面的专业知识审阅了我们的项目。当然，其中的所有错误都由我们负责。

　　作为在职的新闻工作者，我们的想法是向相关领域最杰出的历史学家和考古学家，追问一些关于日常生活和习惯的问题，而这些问题常常是传统史书所无视的。克里斯多夫帮助我们挑选人选，我们要向这些专家表达谢意，感谢他们容忍我们的无知，抽出时间回答我们的问题，并且在很多时候审阅初稿。我们在过去的十八个月中生活在公元千年，而他们的大部分人生都在那里度过，对他们的知识和慷慨，我们无以为报：

Dr. Anna Abulafia, Lucy Cavendish College, Cambridge

Dr. Debby Banham, Newnham College, Cambridge

Dr. Matthew Bennett, Royal Military College, Sandhurst

Dr. Mark Blackburn, Fitzwilliam Museum, Cambridge

Dr. John Blair, Queen's College, Oxford

Professor Don Brothwell, University of York

Dr. Michelle Brown, Department of Manuscripts, British Library, London

Professor James Campbell, Worcester College, Oxford

Professor Thomas Charles-Edwards, Jesus College, Oxford

Mr. Eric Christiansen, New College, Oxford

Rev. John Cowdrey, St. Edmund Hall, Oxford

Dr. Katie Cubitt, University of York

Dr. Ken Dark, University of Reading

Professor Christopher Dyer, University of Birmingham

Dr. Richard Eales, University of Kent

Dr. Ros Faith, Wolfson College, Oxford

Richard Falkiner, coins and medals expert

Professor Richard Fletcher, University of York

Dr. Simon Franklin, Clare College, Cambridge

Dr. Richard Gameson, University of Kent

Dr. George Garnett, St. Hugh's College, Oxford

Professor John Gillingham, London School of Economics

Professor Malcolm Godden, Pembroke College, Oxford

Professor James Graham-Campbell, University College, London

Dr. Allan Hall, University of York

Dr. Richard Hall, York Archaeological Trust

Dr. David Hill, University of Manchester

Dr. Peregrine Hordern, All Souls College, Oxford

Dr. James Howard-Johnston, Corpus Christi College, Oxford

Dr. Gillian Hutchinson, Maritime Museum, Greenwich

Dr. Andrew K. G. Jones, University of Bradford and York Archaeological
   Trust

Dr. Paul Joyce, St. Peter's College, Oxford

Dr. Simon Keynes, Trinity College, Cambridge

Dr. Ken Lawson, St. Paul's School, London

Dr. Henrietta Leyser, St. Peter's College, Oxford

Dr. John Maddicott, Exeter College, Oxford

Dr. Ailsa Mainman, York Archaeological Trust

Dr. Patrick McGurk, Birkbeck College, London

Professor Henry Mayr-Harting, Christ Church, Oxford

Professor Rosamond McKitterick, Newnham College, Cambridge

Dr. Patricia Morison, All Soul's College, Oxford

Professor Janet Nelson, King's College, London

Dr. Andy Orchard, Emmanuel College, Cambridge

Dr. Christopher Page, Sidney Sussex College, Cambridge

Steve Pollington, Da Engliscan Gesidas (the English Companions)

Dr. Eric Poole and Georgina Poole, translators of classical documents

J. Kim Siddorn, Regia Anglorum

Dr. Richard Smith, Downing College, Cambridge

Professor Alfred Smyth, St. George's House, Windsor Castle

Professor Pauline Stafford, University of Huddersfield

Dr. Andrew Wathey, Royal Holloway College, London

Dr. Leslie Webster, British Library, London

Professor Christopher Wickham, University of Birmingham

Mr. Patrick Wormald, Christ Church, Oxford

　　除了对 Richard Falkiner、David Hill 博士、Patrick McGurk 博士、Patricia Morison 博士、Steve Pollington 博士、Eric 和 Georgina Poole 博士，以及 J. Kim Siddorn 的采访，所有的访谈都是由丹尼·丹齐格完成的。在不列颠博物馆，Michelle Brown 博士友善地拨冗与两位作者见面，并允许我们仔细查阅《儒略工作历》。

　　我们尤其要感谢 Patrick McGurk 博士的工作，他对《儒略工作历》上的日期做出了最为细致的学术研究，还有 Eric 和 Georgina Poole 博士，他们把全本日历翻译成了现代英语。

　　"英格兰诸王国"（Regia Anglorum）是一个有五百名成员的学会，他们聚集起来，致力于重建 1066 年之前一个世纪英伦列岛上的维京人、盎格鲁－撒克逊人和其他居民的生活与时代。关于"英格兰诸王国"的四十个地区分支的信息，请联系 J. Kim Siddorn, 9 Durleigh Close, Bristol BS13 7NQ; e-mail: 101364.35@compuserve.com。我们感谢学会中负责确保真实性的官员 Roland William 审阅了书稿。

　　作者们希望向如下人员和机构提供的帮助表示感谢：不列颠图书馆手稿室和阅读室的工作人员，以及负责复制图片的工作人员；Fionnuala Jervis，他代我们踏访了都柏林的维京人遗迹和爱尔兰国家博物馆；Leonard Lewis；伦敦图书馆的工作人员；Andrew

和 Malini Maxwell-Hyslop；John Sandoe 书店永远乐于助人的店员和合伙人，他们代我们寻找少为人知的关于盎格鲁－撒克逊人的论著；萨福克的西斯托（West Stow in Suffolk）的盎格鲁－撒克逊村落的工作人员；约克黄铜门的约维克维京中心（Jorvik Viking Centre, Coppergate, York），以及约克考古信托（York Archaeological Trust）；多塞特沙夫茨伯里博物馆（Shaftesbury Museum）；多塞特沙夫茨伯里大修道院博物馆；马姆斯伯里的大修道院住宅；Dorothy White。

我们还要向我们的文稿代理人致以谢意，柯蒂斯·布朗（Curtis Brown）文稿代理中心的 Jonathan Lloyd 和 Michael Shaw；我们在利特尔＆布朗（Little, Brown）出版社的出色编辑：伦敦的 Philippa Harrison、纽约的 Bill Phillips，还有 Betty Power，我们在波士顿效率惊人的文字编辑。感谢 Ruth Cross 制作了精细、令人满意的索引。

Nina Drummond 建议把这本书制作成日历的形式，以便更好地反映公元千年的生活节奏。她打印了文稿，发掘出少为人知的书籍和文章，并且在忠实的史宾格犬 Osric 的陪伴下，拜访了盎格鲁－撒克逊村落和教堂，在莫尔登战役中维京人穿过的堤道上浸湿了双脚。没有她，就不可能有这本书——也不能没有 Sandi

Lacey，她对于写作的构思和其中人文观念的贡献浸润了每一个章节。

我们还欠了我们的父母和 *Cover* 的同事们很大一份人情。*Cover* 是我们在 1997 年一起创办的一份拥有"大"内容的"小"刊物。我们在开始制作第一份样刊的同时开始了本书的研究，两个项目的成功很大程度上都要归功于编辑和运营团队。在我们埋头于千年之际的秘密，钻研万艾可、如何向蜜蜂施法或是如何为盎格鲁－撒克逊人治疗头痛的时候，他们不断一期期地出版精彩的刊物。这本书是献给他们的，并且通过他们，献给我们忠实的订户和读者。

丹尼·丹齐格和罗伯特·莱西

1998 年 11 月

参考文献

　　参考文献中列出了除前述访谈之外，本书所依赖的书籍和文章。我们强烈建议有意进一步研究这个主题的读者阅读最容易获得的平装本原始资料，Kevin Crossley-Holland 翻译和编辑的 *The Anglo-Saxon World*（Oxford University Press, 1982），以及 Michael Swanton 的 *Anglo-Saxon Prose*（Everyman, 1993）。

Attwater, Donald. *A New Dictionary of Saints*. Tonbridge Wells: Burns & Oates, 1993.

Baker, Peter S., and Lapidge, Michael. *Byrhtferth's Enchiridion*. London: Early English Text Society, 1995.

Banham, Debby. *Monasteriales Indicia*. Hockwold-cum-Wilton: Anglo-Saxon Books, 1991.

Banks, F. R. *English Villages*. London: Batsford, 1963.

Barber, Richard. *The Penguin Guide to Medieval Europe*. London: Penguin, 1984.

Barnes, W. *Early England and the Saxon-English*. London: John Russell Smith, 1859.

Barraclough, Geoffrey. *The Crucible of Europe*. London: Thames & Hudson, 1976.

———. ed. *Social Life in Early England*. Historical Association Essays. London: Routledge & Kegan Paul, 1960.

Beckwith, John. *Early Medieval Art*. London: Thames & Hudson, 1969.

Bede. *Ecclesiastical History of the English People*. Edited by D. H. Farmer. Translated by Leo Sherley-Price. London: Viking Penguin, 1955.

Brent, Peter. *The Viking Saga*. London: Weidenfeld and Nicholson, 1975.

Britnell, Richard H. *The Commercialisation of English Society*. Manchester: Manchester University Press, 1996.

Brooke, Christopher. *Europe in the Central Middle Ages, 962-1154*. London: Longmans, 1964.

———. *The Structure of Medieval Society*. London: Thames & Hudson, 1971.

Brooke, Christopher, and Brooke, Rosalind. *Popular Religion in the Middle Ages*. London: Thames and Hudson, 1984.

Brown, Michelle P. *Anglo-Saxon Manuscripts*. London: British Library, 1991.

Brown, Ron. *Beekeeping — A Seasonal Guide*. London: Batsford, 1992.

Cahill, Thomas. *How the Irish Saved Civilisation*. New York: Nan A. Talese/ Doubleday, 1996.

Campbell, James (with Eric John and Patrick Wormald). *The Anglo-Saxons*.

Oxford: Phaidon, 1982.

Camporesi, Piero, "Bread of Dreams," *History Today,* Vol. 39, April 1989.

Cheney, C. R., ed. *Handbook of Dates for Students of English History.* Cambridge: Cambridge University Press, 1991.

Claiborne, Robert. *Climate, Man and History.* London: Angus & Robertson, 1973.

Crook, John, ed. *Winchester Cathedral: Nine Hundred Years, 1093-1993.* Chichester: Dean & Chapter of Winchester Cathedral in conjunction with Phillimore, 1993.

Crossley-Holland, Kevin, ed. *The Anglo-Saxon World — An Anthology.* Oxford: Oxford University Press, 1982.

Daumas, Maurice. *A History of Technology & Invention,* Vol. 1. London: John Murray, 1980.

Davis, Ralph H. C. *The Normans and Their Myth.* London: Thames & Hudson, 1976.

——. *The Medieval Warhorse.* London: Thames & Hudson, 1989.

Deegan, Marilyn, and Scragg, D. G., eds. *Medicine in Early Medieval England.* Manchester: Centre for Anglo-Saxon Studies, 1987.

Derry, T. K., and Williams, Trevor. *A Short History of Technology from the Earliest Times to A.D. 1900.* Oxford: Clarendon Press, 1960.

Diamond, Jared. *Guns, Germs and Steel.* London: Vintage, 1998.

Drummond, J. C., and Wilbraham, Anne. *The Englishman's Food.* London: Pimlico, 1991.

Duby, Georges. *L'An Mil.* Paris: Editions Gallimard/Julliard, 1980.

Edson, Evelyn. *Mapping Time and Space: How Medieval Mapmakers Viewed Their World.* London: British Library, 1997.

Erdoes, Richard, *A.D. 1000: Living on the Brink of Apocalypse.* San Francisco: Harper & Row, 1988.

Faith, Rosamond. *The English Peasantry and the Growth of Lordship.* London: Leicester University Press, 1997.

Farmer, David. *Oxford Dictionary of Saints.* Oxford: Oxford University Press, 1997.

Fell, Christine. *Women in Anglo-Saxon England.* London: British Museum, 1984.

Fichtenau, Heinrich. *Living in the Tenth Century.* Chicago: University of Chicago Press, 1991.

Finberg, H. P. R. *The Formation of England 550-1042.* London: Hart-Davis, MacGibbon, 1974.

Fletcher, Richard. *The Conversion of Europe.* London: HarperCollins, 1997.

Flint, Valerie I. J. *The Rise of Magic in Early Medieval Europe.* Oxford: Clarendon Press, 1991.

Focillon, Henri. *The Year 1000.* Evanston, New York: Harper Torch-books, 1971.

France, John, ed. and trans. *Rodulfus Glaber Opera.* Oxford: Clarendon Press, 1989.

Gilbert, Martin. *Atlas of British History.* London: J. M. Dent, 1993.

Griffiths, Bill. *Aspects of Anglo-Saxon Magic.* Hockwold-cum-Wilton: Anglo-

Saxon Books, 1996.

——. *The Battle of Maldon.* Hockwold-cum-Wilton: Anglo-Saxon Books, 1991.

——. *An Introduction to Early English Law.* Hockwold-cum-Wilton: Anglo-Saxon Books, 1995.

Hagen, Anne. *A Handbook of Anglo-Saxon Food: Processing and Consumption.* Pinner: Anglo-Saxon Books, 1992.

——. *A Second Handbook of Anglo-Saxon Food and Drink: Production and Distribution.* Hockwold-cum-Wilton: Anglo-Saxon Books, 1995.

de Hamel, Christopher. *Medieval Craftsmen — Scribes and Illuminators.* London: British Museum Press, 1992.

Heaney, Seamus, trans. "Beowulf," Books Section, *Sunday Times,* London, 26 July 1998.

Henson, Donald. *A Guide to Late Anglo-Saxon England from Alfred to Eadgar II.* Hockwold-cum-Wilton: Anglo-Saxon Books, 1998.

Herbert, Kathleen. *Looking for the Lost Gods of England.* Hockwold-cum-Wilton: Anglo-Saxon Books, 1994.

——. *Peace-Weavers and Shield-Maidens: Women in Early English Society.* Hockwold-cum-Wilton: Anglo-Saxon Books, 1997.

Herzfeld, George. *An Old English Martyrology.* London: Kegan Paul, Trench, Trubner for the Early English Text Society, reprinted 1997.

Hill, David. *An Atlas of Anglo-Saxon England.* Oxford: Basil Blackwell, 1981.

——. "A Handful of Grit — Anglo-Saxon Bee-Keeping," *Beekeeper's Quarterly,*

Summer 1994, p. 28.

——. "The Crane and the Gyrfalcon in Anglo-Saxon England," *Medieval Life,* 1994.

Hooke, Della, ed. *Anglo-Saxon Settlements.* Oxford: Basil Blackwell, 1988.

Hoskins, W. G. *The Making of the English Landscape.* London: Pelican, 1970.

Howarth, David. *1066: The Year of the Conquest.* London: Penguin, 1981.

Hyland, Ann. *The Medieval Warhorse from Byzantium to the Crusades.* Dover, New Hampshire: Allan Sutton Publishing, 1994.

Johnson, Hugh. *The World Atlas of Wine.* London: Mitchell Beazley, 1971.

Jones, Gwyn. *The Vikings.* London: Folio Society, 1997.

Jones, Peter Murray. *Medieval Medicine in Illuminated Manuscripts.* London: British Library, 1998.

Kemble, John. *Anglo-Saxon Runes.* Pinner: Anglo-Saxon Books, 1991.

Landes, David. *The Wealth and Poverty of Nations.* London: Little, Brown, 1998.

Lang, James. *Anglo-Saxon Sculpture.* Aylesbury: Shire Publications, 1988.

Langland, William. *Piers the Ploughman.* Translated by J. F. Goodridge. London: Viking Penguin, 1959.

Lash, Jennifer. *On Pilgrimage.* London: Bloomsbury, 1998.

Latouche, Robert. *The Birth of Western Economy.* London: Methuen, 1961.

Leyser, Henrietta. *Medieval Women: A Social History of Women in England 450-1500.* London: Phoenix, 1996.

Leyser, Karl. *Communications and Power in Medieval Europe.* London and Rio

Grande, Ohio: Hambledon Press, 1994.

Manchester, William. A *World Lit Only by Fire*. Boston: Little, Brown, 1992.

Mays, Simon. *The Archaeology of Human Bones*. London: Routledge, 1998.

McCrum, Robert, MacNeil, Robert, and Cran, William. *The Story of English*. London: Faber & Faber, 1992.

McGurk, Patrick, et al. *An Eleventh Century Anglo-Saxon Illustrated Miscellany: British Library Cotton Tiberius B. V. Part I*. Copenhagen: Early English Manuscripts in Facsimile, 1983.

McGurk, Patrick. "The Metrical Calendar of Hampson," *Analecta Bollandia*, 1986, Tome 104, Fasc. 1-2, pp. 79-125.

Morant, G. M. "A First Study of the Craniology of England and Scotland from Neolithic to Early Historic Times, with Special Reference to the Anglo-Saxon Skulls in London Museums," *Biometrika*, Vol. 18, 1926.

Moss, H. St. L. B. *The Birth of the Middle Ages, 395-814*. Oxford: Oxford University Press, 1961.

Murray, Alexander. *Reason and Society in the Middle Ages*. Oxford: Clarendon Press, 1978.

Ohler, Norbert. *The Medieval Traveller*. Woodbridge: Boydell Press, 1989.

Paor, Liam de. *Ireland and Early Europe*. Dublin: Four Courts Press, 1997.

Pearson, Karl, and Davin, Adelaide. "On the Biometric Constants of the Human Skull," *Biometrika*, Vol. 16, 1924.

Phillips, Fr. Andrew. *The Hallowing of England*. Hockwold-cum-Wilton: Anglo-

Saxon Books, 1994.

Pollington, Stephen. *The English Warrior from Earliest Times to 1066.* Hockwold-cum-Wilton: Anglo-Saxon Books, 1996.

——. *An Introduction to the Old-English Language and Its Literature.* Hockwold-cum-Wilton: Anglo-Saxon Books, 1994.

——. *Wordcraft: Wordhoard and Wordlists.* Hockwold-cum-Wilton: Anglo-Saxon Books, 1993.

Porter, John. *Anglo-Saxon Riddles.* Hockwold-cum-Wilton: Anglo- Saxon Books, 1995.

Porter, Roy. *The Greatest Benefit to Mankind.* London: HarperCollins, 1997.

Postan, Michael M. *Essays on Medieval Agriculture and General Problems of the Medieval Economy.* Cambridge: Cambridge University Press, 1973.

Power, Eileen. *Medieval People: A Study of Communal Psychology.* London: Penguin, 1937.

Pulsiano, Phillip, and Treharne, Elaine. *Anglo-Saxon Manuscripts and Their Heritage.* Aldershot and Brookfield, Vermont: Ashgate, 1998.

Rodger, N. A. M. *The Safeguard of the Sea — A Naval History of Britain.* London: HarperCollins, 1997.

Rodrigues, Louis J. *Anglo-Saxon Verse Charms, Maxims and Heroic Legends.* Pinner: Anglo-Saxon Books, 1993.

Rollason, David. *Saints and Relics in Anglo-Saxon England.* Oxford: Basil Blackwell, 1989.

Rosener, Werner. *Peasants in the Middle Ages.* Cambridge: Polity Press, 1992.

Sawyer, Peter H., ed. *Anglo-Saxon Charters: An Annotated List and Bibliography.* London: Royal Historical Society, 1968.

Smith, Alan. *Sixty Saxon Saints.* Hockwold-cum-Wilton: Anglo-Saxon Books, 1994.

Southern, R. W. *The Making of the Middle Ages.* London: Arrow Books, 1959.

Stafford, Pauline. *Queen Emma and Queen Edith.* Oxford: Blackwell, 1997.

Staniland, Kay. *Medieval Craftsmen—Embroiderers.* London: British Museum Press, 1991.

Stratton, John M. *Agricultural Records, A.D. 220-1968.* London: John Baker, 1969.

Swanton, Michael, trans. and ed. *The Anglo-Saxon Chronicle.* London: J.M. Dent, 1997.

——. *Anglo-Saxon Prose.* London: J. M. Dent, 1993.

Sweeney, Del, ed. *Agriculture in the Middle Ages.* Philadelphia: University of Pennsylvania Press, 1995.

Thompson, Damian. *The End of Time.* London: Minerva, 1997.

Thorndike, Lynn. *A History of Magic and Experimental Science.* New York: Macmillan, 1923.

Tite, Colin. *The Manuscript Library of Sir Robert Cotton: The Panizzi Lectures.* London: British Library, 1993.

Walsh, Michael. *A Dictionary of Devotions.* Tonbridge Wells: Burns & Oates, 1993.

Werner, Alex, ed. *London Bodies: The Changing Shape of Londoners from Prehistoric Times to the Present Day.* London: Museum of London, 1998.

Wheeler, A., and Jones, A. K. G. *Fishes.* Cambridge: Cambridge University Press, 1989.

Whitelock, Dorothy. *Anglo-Saxon Wills.* Cambridge: Cambridge University Press, 1930.

——. *The Beginnings of English Society.* London: Penguin, 1952.

——. *English Historical Documents, c. 500-1042.* London: Eyre & Spottiswoode, 1955.

Wormald, Francis, ed. *English Kalendars before A.D. 1100.* London: Henry Bradshaw Society, 1934.

Wormald, Patrick, ed. (with D. Bullough and R. Collins). *Ideal and Reality in Frankish and Anglo-Saxon Society.* Oxford: Basil Blackwell, 1983.

注 释

　　《儒略工作历》保存在伦敦的不列颠图书馆，可以按照手稿室的规章和借阅条件获取。它的编目是 Cotton MS Julius A. VI。关于此书最新的学术副本和对它的分析，请参考前面的文献中列出的 Patrick McGurk 的著作；关于日历页顶端文本的抄本和翻译，见 Baker 和 Lapidge 的著作。曼彻斯特大学的 David Hill 博士已准备从盎格鲁－撒克逊人农业技术的角度，对这部日历进行最为重要的分析，带有插图，但尚未出版，即 *The Turning Year*。除了从前述专家访谈中获得的想法和主题，书中次要的细节来自下述资料，它们的全部细节可以在参考文献中找到。

1. 关于罗伯特·科顿爵士的图书馆，请参见 Tite，p.79。
2. Fell, p.21.
3. 在 Werner，p.108 可以找到数世纪以来伦敦发掘出的尸体身高的表格，该表格以一直上溯至史前时代的考古发掘为基础。表格显示，撒克逊男性的平均身高为 5 英尺 8 英寸，与之相比，现代男性的平均身高为 5 英尺 9 英寸（维多利亚时期的男性平均身高为 5 英尺 5.5 英寸）。表格还显示，撒克逊女性平均身高 5 英尺 4.25 英寸，比现代伦敦女性的平均身高 5 英尺 3.75 英寸要高。维多利亚女性的平均身高则是 5 英尺 1.25 英寸。

4. Ibid.

5. Swanton, *Anglo-Saxon Prose,* pp.174,175.

6. Derry and Williams, p.57; Daumas, pp.468-470.

7. Bede, p.186.

8. Ibid., p.189.

9. *Encyclopaedia Britannica*, Macropaedia, vol.3, pp.595 ff., Calendar.

10. Farmer, pp.339, 340.

11. Herzfeld, p. x.

12. Bede, p.75.

13. Phillips, p.40.

14. *Aelfric's Lives of the Saints,* quoted in Brooke, *Popular Religion,* p.37.

15, Ibid.

16. Whitelock, *Anglo-Saxon* Wills, p.39. 埃尔弗拉德是莫尔登之战中的英雄布莱特诺斯的遗孀（见第 78、79 页）。

17. Ibid., p.55.

18. Whitelock, *English Historical Documents,* p.536.

19. 人类的脑容量自历史时期以来没有明显的变化，这已是考古学研究中的老生常谈。可参考 Morant 和 Pearson 在 *Biometrika* 中的文章。

20. Heaney, lines 216-222.

21. Johnson, p.26.

22. McCrum, p.55. 人们一定会推测，有大量不列颠人留在家乡，被入侵者所同化，但却无法量化有多少人会这样。

23. Ibid., p.58.

24. 感谢 Stephen Pollington 提供了古英语和斯堪的纳维亚语的例子。

25. McCrum, p.71.

26. Swanton, *Anglo-Saxon Chronicle,* pp.106,109.

27. Ibid., 962、973 和 978 年各条。

28. McCrum, pp.70,71.

29. Daumas, p.489.

30. Whitelock, *Anglo-Saxon Wills*, pp.111，112.

31. Crossley-Holland, p.262.

32. Finberg, p.220.

33. Ibid., p.224. 这片土地被称作"Gerefa"。

34. Crossley-Holland, p.261.

35. Aelfric, "Sermon on the Sacrifice of Easter Day," in Swanton, *Anglo-Saxon Prose*, pp.149-152.

36. Langland, p.81.

37. Swanton, *Anglo-Saxon Chronicle,* pp.121 ff.

38. Hagen, *Handbook*, p.107.

39. Ibid., p.112,

40. Bede, p.226.

41. Hagen, *Handbook* p.109.

42. Hagen, *Second Handbook*, p.93.

43. Ibid., p.163.

44. Whitelock, *Anglo-Saxon Wills*, p.65.

45. Hagen, *Second Handbook*, pp.230, 231.

46. 这是《埃克塞特书》中的谜语，引自 Hagen, *Second Handbook*, p.233。

47. *Beowulf*, in Crossley-Holland, p.89.

48. Hooke, p.207.

49. Whitelock, *English Historical Documents,* p.829.

50. Andrew Pulsiano, "The Ghost of Asser," in Pulsiano and Treharne, p.255.

51. Daumas, p.506.

52. Finberg, p.76.

53. Ibid., p.190.

54. Pollington, *English Warrior*, Appendix III.

55. Swanton, *Anglo-Saxon Prose*, pp.181,182.

56. *Anglo-Saxon Chronicle*, quoted in Finberg, pp.183,184.

57. Swanton, *Anglo-Saxon Prose*, p.175.

58. Derry and Williams, p.90.

59. Hill, "Towns as Structures and Functioning Communities/ in Hooke, p.207.

60. Whitelock, *Beginnings*, p.116.

61. Ibid., p.129.

62. Whitelock, *Beginnings*, p.132.

63. Ibid., p.133.

64. Bede, p.359.

65. Southern, p.44.

66. Ibid., pp.34, 35.

67. Swanton, Anglo-Saxon Prose, p.173.

68. Rodger, p.xxiii.

69. Ibid., pp.4-16.

70. Alfred's *Metres of Boethius*, metre 20, lines 161-175, cited in Griffiths, *Anglo-Saxon Magic*, p.236.

71. Robert Worth Frank, Jr., in Sweeney, p.227.

72. Camporesi, p.18.

73. Gilbert, p.15.

74. Quoted by Rose Graham in Barraclough, *Social Life*, p.74.

75. Banham, *Monasteriales Indicia*, 下述所有引文均来自这一清晰且有启发性的著作，其中还有插图。

76. McGurk, "Metrical Calendar," p.88.

77. Quoted in Hagen, *Second Handbook*, p.363.

78. Swanton, *Anglo-Saxon Prose*, p.174.

79. Hagen, *Handbook*, p.20.

80. Hoskins, p.81.

81. Fichtenau, p.272.

82. Power, p.108.

83. Fell, p.146.

84. Griffiths, *Anglo-Saxon Magic*, p.58.

85. Ibid., p.65.

86. Jones, *Medieval Medicine*, p.39.

87. Swanton, *Anglo-Saxon Prose*, p.263.

88. Power, p.24.

89. *De Temporum Ratione*, chapter 35, cited in Griffiths, *Anglo-Saxon Magic*, p.66.

90. Bald's Leechbook, I 72, quoted in Swanton, *Anglo-Saxon Prose*, p. 259.

91. Quoted in Griffiths, *Anglo-Saxon Magic*, p.66.

92. Bokonyi, "Stockbreeding and Herding in Medieval Europe," in Sweeney, p.53.

93. Hagen, *Second Handbook*, p.49.

94. Ibid.

95. Hagen, *Handbook*, p.99.

96. Daumas, p.276.

97. Derry and Williams, p.67.

98. Old High German charm, quoted in Power, pp.23, 24.

99. Rodrigues, p.151.

100. Hill, "A Handful of Grit."

101. Claiborne, pp.349-364.

102. *De Natura Rerum,* chapter 36, cited in Griffiths, *Anglo-Saxon Magic*, p.230.

103. *De Tonitruis Libellus,* cited in Griffiths, *Anglo-Saxon Magic,* pp.230, 231.

104. Swanton, *Anglo-Saxon Chronicle*，855 A.D.

105. Herbert, *Lost Gods*, p.15.

106. Power, p.23.

107. Herbert, *Lost Gods*, p.20.

108. Bede, p.76.

109. Ibid., p.133.

110. Hill, "The Crane and the Gyrfalcon."

111. Howarth, p.175.

112. Fell, p.17.

113. Swanton, *Anglo-Saxon Chronicle*, 913 A.D.

114. Fell, p.109.

115. Bede, p.245.

116. Fell, p.109.

117. Ibid., p.126.

118. Ibid., p.57.

119. Whitelock, *English Historical Documents,* p.426.

120. Fell, p.64.

121. Ibid., p.47.

122. Ibid., pp.57-59.

123. Leyser, p.49.

124. Fell, p.59.

125. Focillon, p.64.

126. France, p.111.

127. Ibid., p.75.

128. Ibid., p.93.

129. Ibid., p.216.

130. Ibid., pp.115,117.

131. Ibid., p.171.

132. Ibid., pp.193, 205.

133. Thompson, pp.47,48.

134. Focillon, p.54.

135. *Sermo Lupi ad Anglos*, 第一段，由 Dr. Andy Orchard 译成英文。

136. Crossley-Holland, pp.294-295.

137. Ibid., p.297.

138. Reproduced in Campbell, p.196.

139. Ibid., p.197.

140. Ibid., p.201.

141. Porter, Roy, pp.231, 277.

142. Deegan and Scragg, p.17.

143. Landes, p.32. 对于该主题更广泛的讨论，参看这一具有启发性的著作的
第一章。

144. Crossley-Holland, p.304.